LA MESSE NOIRE

PAR

PONSON DU TERRAIL

I

LA RIBAUDE ENSORCELÉE

PARIS
E. DENTU, ÉDITEUR
LIBRAIRE DE LA SOCIÉTÉ DES GENS DE LETTRES
PALAIS-ROYAL, 17 ET 19, GALERIE D'ORLÉANS

LA MESSE NOIRE

I

LA RIBAUDE ENSORCELÉE

Clichy. Imp. M. LOIGNON, PAUL DUPONT et Cie, rue du Bac-d'Asnières, 12.

LA MESSE NOIRE

AVENTURES DE CAPE ET D'ÉPÉE

PAR

PONSON DU TERRAIL

I

LA RIBAUDE ENSORCELÉE

PARIS
E. DENTU, ÉDITEUR
LIBRAIRE DE LA SOCIÉTÉ DES GENS DE LETTRES
PALAIS-ROYAL, 17 ET 19, GALERIE D'ORLÉANS.
1869.
(Tous droits réservés)

LA MESSE NOIRE

AVENTURES DE CAPE ET D'ÉPÉE

PREMIÈRE PARTIE

LA RIBAUDE ENSORCELÉE

I

Le moine était ivre.

Une cruche vide gisait à ses pieds, et il avait laissé retomber sa tête appesantie sur l'épaule de Salamandre, la ribaude aux cheveux roux.

Deux archers se disputaient en blasphémant Dieu et les saints; maître Carapin, l'hôtelier, ne savait plus à qui entendre, car son établissement, la taverne de *l'Écu rogné*, était pleine de ribauds et de ribaudes, de bohémiens et de truands, de soldats et de Cordeliers.

Et tout ce monde-là riait, chantait, hurlait, blasphémait, cassait les verres et les pots de vin, et frémissait d'une impatience bien légitime, quand on saura que cela se passait en l'an de grâce et de misère 1539, sur la place de Grève, à l'heure de minuit, et que les aides de messire Caboche, bourreau de Paris, dressaient une belle potence toute neuve qui devait avoir son pendu à la première heure du jour prochain.

Novembre, le mois noir, planait sur Paris.

Le brouillard estompait les toits, la pluie tombait fine et serrée, et la potence qu'on apercevait au travers des vitres du cabaret avait été surmontée d'une lanterne qui brillait dans la nuit comme un tison sans flamme.

Salamandre, la ribaude, secoua le moine qui pesait sur elle.

Le moine s'éveilla.

— Est-ce déjà l'heure? demanda-t-il en ouvrant de grands yeux bouffis par le sommeil et par l'ivresse.

— C'est l'heure pour toi, moine hérétique, répondit un archer, d'aller sonner à la porte de ton couvent.

Le moine essaya de se lever et retomba lourdement sur le banc qui lui servait de siége :

— Mon couvent est fermé, dit-il, et mon supérieur ne veut pas, du reste, qu'on se grise avec de mauvais vin et qu'on aime des filles de beauté médiocre.

Salamandre la ribaude lui donna un soufflet.

— Aïe! fit le moine.

Carapin, qui était un gros homme de taille et de force

à assommer un bœuf, quitta son comptoir d'étain et vint au moine les poings fermés.

— Ah ! tu trouves mon vin mauvais ? dit-il.

— Exécrable ! fit le moine.

— Paye-le, du moins, car voici huit jours que je te fais crédit.

— Je n'ai pas d'argent, dit le moine, si tu veux mon froc, il est à toi.

Une ribaude intervint.

— Mon père, dit-elle d'un ton de railleuse humilité, un saint homme comme vous s'enrhumerait aussi bien que des païens comme nous. Gardez votre froc, et si Carapin est mauvaise tête, on le payera.

— Tu es une jolie fille, dit le moine, et je te fais mes excuses pour les paroles inconvenantes qui me sont échappées.

Et sur ce mot il l'embrassa, ajoutant :

— Comment te nommes-tu ?

— Germaine.

— Où est ton clapier ?

— Dans la rue Thibault-aux-Dés.

— J'irai te voir, dit le moine.

— Vieux paillard, s'écria Salamandre, la belle fille dont l'épaule lui servait d'oreiller tout à l'heure, tu ferais mieux de dire un *oremus* pour le repos de l'âme de ce pauvre capitaine Fleur-d'Amour qui va mourir dans quelques heures.

Un archer se leva et dit :

— C'est un triste temps que celui où nous vivons, puisque le capitaine Fleur-d'Amour va être pendu comme un ribaud.

Les ribauds protestèrent.

— Nous valons bien un capitaine, dit l'un d'eux.

— Si je tire ma rapière, répliqua l'archer, j'enfilerai une douzaine de vous l'un sur l'autre, comme une brochette de petits oiseaux. Arrière, marauds !

— Mes bons seigneurs, dit une vieille à la voix chevrotante, vous êtes tous des agneaux auprès de messire François Cornebut qui va faire pendre le capitaine Fleur-d'Amour. En place de vous quereller, donnez-vous la main.

— Vieille sorcière, cria Salamandre, tous tes philtres et tous tes enchantements ne sauveront pas le capitaine Fleur-d'Amour.

— Qui sait? fit un bohémien, jeune homme de quinze ans, aux lèvres rouges, aux cheveux crépus et à l'œil noir.

L'archer haussa les épaules.

— Si le roi du sabbat le voulait, dit la veille femme dont les yeux brillaient comme des lucioles, le capitaine Fleur-d'Amour ne serait pas pendu ; mais la Périne n'a pas voulu me croire.

Une ribaude, qui s'endormait, souleva la tête à ce nom.

— Qui parle de la Périne? dit-elle.

— Moi, fit la vieille. Ne sais-tu donc pas que c'est pour la Périne, la belle ribaude, que le pauvre capitaine Fleur-d'Amour sera pendu?

— Un méchant homme que messire François Cornebut, haut et puissant seigneur que le roi aime fort, s'écria un archer.

— Et qui a couvert la Périne d'or et de pierreries, dit Salamandre. Ah! mes bons amis, c'était une pauvre fille comme moi voilà trois ans, et dans son clapier il venait plus de soudards que de capitaines, et plus de clercs que de docteurs.

Je sais son histoire, allez ! moi qui vous parle.

Un jour le Cornebut passait par là ; il la vit par la fenêtre, et il monta.

— Une belle fille pour un écu d'or, dit-il.

— Ah! oui, un écu d'or. Elle l'enjôla si bien depuis ce temps-là, qu'il lui a fait bâtir un palais au bord de l'eau, au bas de la rue des Lions, et qu'il vend chaque année une seigneurie pour l'entretenir sur un bon pied.

— Une belle fille, la Périne, dit un archer.

— Des dents magnifiques, fit un autre.

— Qui croquent des pièces d'or comme nous croquons des pommes, fit Salamandre, la belle aux cheveux roux.

— Et des yeux à perdre une âme, ajouta la vieille bohémienne, mais des yeux qui, à cette heure, pleurent toutes les larmes de son corps.

— Pourquoi donc ça ? demanda le moine qui s'était repris à faire un somme et s'éveillait en sursaut de nouveau.

— Parce que, elle qui n'avait jamais aimé personne, tellement qu'on disait qu'elle avait vendu son cœur au diable, elle aime à en mourir le capitaine Fleur-d'Amour.

— Mais pourquoi va-t-on le pendre? dit encore le moine.

— Parce que messire François Cornebut, qui est le prévôt des archers de Paris, l'a surpris dans les bras de la Périne.

— Et elle n'a pu obtenir sa grâce?

— Un loup qui dévore un mouton aurait plutôt rendu sa proie.

— Ça n'empêche pas, reprit la vieille bohémienne, que si elle m'avait écoutée, elle aurait sauvé le capitaine. Je suis allée chez elle, vers trois heures de relevée, et je lui ai offert mes services.

— Et elle t'a fait jeter dehors par ses valets, sorcière?

— Oui, parce qu'elle ne connaît pas mon pouvoir.

Tous les hôtes de la taverne se mirent à rire bruyamment.

Il n'y eut que le jeune bohémien qui demeura grave et triste.

— Elle ne croit pas à Satan, notre maître, poursuivit la sorcière, et c'est un grand malheur, car Satan vient toujours en aide à ceux qui l'invoquent.

Le moine demanda à boire. Puis, quand il eut vidé son verre, il s'écria :

— Si ce que tu dis là est vrai, sorcière d'enfer, que le diable me fasse évêque et je dirai la *messe noire* à son intention.

— Tu seras évêque si je le veux ! dit une voix mâle et vibrante comme une trompette de cuivre, au seuil de la taverne.

Un homme était debout devant la porte, qui s'était ouverte violemment.

Une sorte de crainte vertigineuse s'empara des assistants.

Ribauds et ribaudes tressaillirent, les archers eux-mêmes se trouvèrent mal à l'aise, et le moine laissa tomber son verre qu'il venait d'emplir.

Un frémissement de vague épouvante courut parmi les buveurs, et les filles cessèrent de rire et de chanter.

Le personnage qui apparaissait tout à coup était tout vêtu de rouge ; mais il était impossible de voir son visage que dérobait un masque de velours noir.

Seulement, au travers, étincelaient des yeux semblables à des charbons ardents.

Il marchait la tête haute et fièrement rejetée en arrière. Au lieu d'un toquet, au lieu d'un feutre à plume, il avait pour coiffure une sorte de cape rouge comme le reste de son accoutrement.

— Le diable ! murmurèrent les assistants.

— Le maître ! dit la sorcière.

— Moine de malheur ! dit un des archers, n'as-tu donc pas dans ta poche un goupillon et de l'eau bénite ?

Le moine fit un geste de détresse.

Cependant il se leva pour exorciser le démon et se signa.

L'homme au masque se mit à rire.

Puis posant une main blanche, fine et nerveuse sur l'épaule du moine :

— Imbécile ! dit-il, tu ne veux donc pas être évêque ?

Et le moine n'acheva pas son signe de croix.

Quelques filles épouvantées voulurent fuir.

L'homme au masque les cloua à leur place d'un regard :

— La première qui sort, dit-il, sera morte avant l'aube.

Et personne ne bougea.

Alors il s'approcha de la sorcière et se pencha à son oreille.

La sorcière n'avait pas dit un mot, et aucun geste n'avait trahi en elle la moindre épouvante.

Que lui dit ce personnage, homme ou démon ? Nul ne le sut.

Il parlait du reste une langue que personne ne comprenait.

Puis, la sorcière lui ayant répondu dans le même idiome, il traversa la salle de nouveau et disparut.

Un immense soupir de soulagement s'échappa alors de toutes les poitrines oppressées.

— Eh bien ! mes mignons, dit la sorcière, douterez-vous encore de mon pouvoir ?

Et elle promena autour d'elle un regard de triomphe.

Mais il y a des sceptiques partout.

Un ribaud éhonté se leva et dit :

— Allez-vous pas croire la vieille ? ô bonnes gens ! celui qui vient d'entrer n'est pas le diable.

— Ah ! tu crois ? ricana la sorcière.

— Il se fût évanoui quand nous avons fait le signe de la croix.

— Alors, pleurnicha le moine, je ne serai pas évêque ?

— Tu le seras, dit la sorcière.

Ce doute émis par le ribaud avait quelque peu rassuré les buveurs.

Mais leur quiétude fut de courte durée, car en ce moment il se fit un certain fracas à la porte de la taverne et trois hommes entrèrent, et tous frissonnèrent de nouveau, même les archers qui, cependant, étaient des gens de guerre.

C'est que les trois hommes qui venaient d'entrer n'étaient autres que messire Caboche, bourreau de Paris, et ses deux aides.

Ils traversèrent la salle comme des hommes indifférents à la répulsion qu'ils inspirent, et ils allèrent s'asseoir dans un coin.

— Holà ! cria Caboche, du vin ! je meurs de soif.

La sorcière qui, seule, n'avait ni frémi, ni tremblé, regarda le bourreau en riant :

— Le capitaine Fleur-d'Amour a plus soif que toi, à cette heure, mon mignon, dit-elle.

Le bourreau sourit à la vieille :

— Oui, dit-il ; mais demain il n'aura plus soif du tout. Pauvre capitaine, j'ai bien cru que je ne le pendrais

1.

pas : et la Périne s'est donné assez de mal depuis ce matin pour le sauver.

— Et qu'a-t-elle fait? demanda la vieille.

— Elle s'est jetée aux genoux de tous les seigneurs de la cour et même de monseigneur le Dauphin.

— Et elle n'a rien obtenu?

— Rien.

Un archer qui avait plus de courage que les autres et ne s'effrayait pas de parler au bourreau lui dit :

— C'est tout de même singulier qu'un brave soldat comme le capitaine Fleur-d'Amour soit pendu, par la seule raison qu'il est aimé d'une ribaude.

— J'aurais été pendu souvent, moi, grommela le moine, qui demandait à boire de nouveau.

— Aussi, répliqua le bourreau, a-t-on imaginé qu'il avait conspiré contre le roi et entretenu des relations avec les Espagnols.

Et puis, il vaut mieux encore se brouiller avec le roi et les princes qu'avec messire de Cornebut, qui tient les clefs de Paris dans sa main.

— Ce qui fait, dit encore la vieille, que tu pendras le capitaine?

— Au point du jour.

Et Caboche se versa à boire, comme s'il eût parlé de la chose la plus insignifiante du monde.

— La Périne est folle de désespoir, à ce qu'il paraît, continua le bourreau; une belle fille, la Périne, et qui a une manière de vous regarder à vous ensorceler tout net.

— Alors à sa place, poursuivit la bohémienne, ce n'est pas les grands seigneurs ni le Dauphin que je serais allée voir.

— Et quoi donc?

— Toi.

— Oh! moi, je ne peux rien, dit Caboche. Une fois qu'on m'a livré un patient, il faut que j'en fasse un pendu.

— Bah! bah! dit la vieille, tu as quelquefois une manière de faire ton nœud.

— Tais-toi donc, sorcière, s'écria le bourreau qui regarda la bohémienne de travers.

— Et si la Périne t'allait trouver?

— Tais-toi!

Le bourreau passa la main sur son front :

— J'aime autant qu'elle ne vienne pas, dit-il.

— Tu aurais peur de la tentation?

Et la bohémienne se prit à ricaner.

— Ne ris donc pas, vieille sorcière, s'écria Caboche, sais-tu pas que j'ai fait hurler un pauvre diable de gentilhomme parce que la Périne m'avait regardé?

— Conte-nous donc cette histoire, mon fils, dit la bohémienne.

— Je m'y suis repris à trois fois pour le décapiter, dit Caboche d'une voix sourde.

— Ah! vraiment? il avait le cou bien dur alors?

— Non, mais ma main tremblait.

— Parce que la Périne t'avait regardé?

— Oui.

Et la voix de Caboche tremblait, en ce moment, comme avait tremblé son bras, le jour où il avait décapité le gentilhomme.

— Pourtant, dit encore la bohémienne, j'ai idée que si la Périne venait te supplier de faire ton nœud de certaine manière que le capitaine ne fût pas étranglé sur-le-champ...

Le bourreau se leva furieux.

— Sorcière de malheur ! s'écria-t-il, si tu dis un mot de plus, je te prends dans mes bras et je vais te brancher à la potence qui est toute prête.

La vieille continua à rire.

Elle riait seule, du reste.

Le voisinage du bourreau avait répandu dans la salle une mystérieuse épouvante.

— Ah çà ! dit Salamandre la ribaude, puisqu'on décapite les gentilshommes, pourquoi pend-on le capitaine ?

— C'est qu'il n'est pas noble, dit Caboche.

— Qui peut le savoir, puisque c'est un enfant d'amour, répliqua la bohémienne ?

Et elle alla s'asseoir à la table du bourreau :

— Maintenant que te voilà calmé, mon mignon, continua-t-elle, veux-tu jaser un brin avec moi ?

Mais comme elle disait cela, la porte de la taverne s'ouvrit de nouveau.

Un cri d'admiration se fit entendre.

Une femme entrait...

Ah ! ce n'était pas une de ces pauvres filles des coins de rue, affublées d'oripeaux, parées et chargées de verroteries en guise de bijoux.

Son visage, si beau qu'il eût perverti le paradis tout entier, ne portait pas les traces des orgies nocturnes et des lassitudes d'une débauche flétrissante.

Ses beaux bras étaient cerclés de bracelets, elle avait au cou des colliers de perles, et des diamants dans ses cheveux...

Et elle ne pleurait pas, comme on aurait pu le croire.

Ange du mal, elle souriait, car la femme n'est jamais belle au travers des larmes.

Et dans ce bouge immonde, au milieu de ces êtres abjects, ribauds sans pudeur, filles de joie flétries, moines sales et puants, soudards avinés, elle apparut comme Satan le démon de la tentation, qui aurait emprunté le corps d'un séraphin.

— La Périne ! s'écria-t-on de toutes part.

— Oui, mes amis, répondit-elle en laissant tomber une pluie d'or autour d'elle ; la Périne qui a vécu parmi vous et ne vous a point oubliés. Buvez et mangez, c'est moi qui paye !...

Et cette femme qu'on disait folle de douleur, s'avança le rire aux lèvres et la voix mélodieuse vers le bourreau frissonnant.

II

Les bourreaux, comme les rois, ont leur dynastie.

Les seconds se transmettent le sceptre et la main de justice de père en fils ; les premiers, le glaive sanglant.

Caboche était le descendant du trop fameux Simon Caboche qui joua un rôle au temps de Charles VI.

Son aïeul avait été l'homme des guerres civiles, et d'*écorcheur de bêtes* il s'était fait justicier.

Puis il avait fait souche de bourreaux comme on fait souche de rois.

Celui qui venait boire à la taverne de l'*Écu rogné*, en attendant que le jour parût et qu'il fût l'heure de pendre le malheureux capitaine Fleur-d'Amour, aurait pu s'appeler :

CABOCHE, sixième du nom.

C'était un homme de trente-six ans, de taille moyenne, de formes robustes.

Il était assez joli garçon, et son sinistre métier n'avait point donné à sa physionomie une expression farouche : il avait la barbe noire, le teint blanc, les lèvres sensuelles, les yeux bleus.

Sa main était celle d'un gentilhomme, son pied était petit et cambré.

Quelquefois un sourire doux et triste arquait sa bouche ; quelquefois aussi un rayon de mélancolie s'échappait de son regard.

Cet homme qui tuait était peut-être fait pour aimer.

Quand la Périne vint à lui, il tremblait bien fort.

Ses deux aides furent pris également d'une certaine émotion, et ils se tirèrent à l'écart.

Alors eut lieu une chose bizarre.

Filles de joie, archers et truands semblèrent comprendre qu'un duel allait avoir lieu entre cet homme et cette femme ; duel acharné, duel sans merci, dans lequel la femme aurait la supériorité des armes et mettrait en avant l'arsenal de ses félines séductions.

Le bruit s'apaisa.

Carapin lui-même, le maître hôtelier, parut attentif derrière son comptoir.

On eût entendu voler une mouche dans la taverne, et chacun retenait son haleine.

Seul, le moine s'était endormi et ronflait, rêvant qu'il était évêque déjà.

La Périne vint s'asseoir à côté de Caboche.

Et Caboche était si pâle qu'on eût dit que les rôles étaient changés, que cette femme était le bourreau et que lui était le patient.

La bohémienne l'enveloppait de son noir regard et semblait vouloir exercer un de ses abominables maléfices de fascination.

— Je gage que tu ne me reconnais pas, Caboche, dit

la Périne, qui posa sa belle main sur l'épaule trapue du bourreau.

Il se roidit contre l'émotion qui le prenait à la gorge :

— Ah! si, dit-il, je vous reconnais, vous êtes la Périne.

— Oui, et pourrais-tu dire en quel lieu nous nous sommes vus pour la première fois ?

— Sur cette place, dit le bourreau.

Et il étendit la main vers la Grève, qu'on devinait à travers les carreaux enfumés de la devanture du cabaret.

— Tu te trompes, mon chérubin, ce n'est pas là. Mais je me souviens très-bien du jour où nos regards se rencontrèrent en place de Grève.

— Ah! vous vous en souvenez, dit Caboche.

— Si je m'en souviens! dit-elle avec un sourire de démon. C'était le jour du supplice de ce pauvre sire Raymond de Neuville.

Toute la cour et tout le peuple y étaient.

On avait dressé une estrade en face de l'échafaud.

Tu étais sur l'échafaud, moi sur l'estrade.

Les seigneurs, les pages, les nobles dames m'entouraient, et tous disaient que j'étais belle.

Le patient monta sur l'échafaud.

Tu serrais déjà à deux mains l'épée de justice, et je vis le moment où tu allais décoller la tête d'un seul coup. Mais tu me regardas....

Ah! je n'oublierai jamais ce regard!

Oh ! c'est que tu es beau comme un archange, quand tu as le glaive à la main !

En ce moment je te regardai et je me souvins.

— Mais de quoi donc avez-vous pu vous souvenir ? s'écria Caboche qui semblait se débattre sous une étreinte fatale et mystérieuse.

— Tu me le demandes ?

— Oui.

— Ingrat !

Et il y eut un accent suprême de mélodie et d'amour dans ce mot.

— Je ne vous avais jamais vue, balbutia Caboche.

— Tu te trompes !

Alors il la regarda encore, et à mesure que ses yeux s'attachaient sur elle et y semblaient rivés par une force surhumaine, un voile qui pesait sur son souvenir se déchirait peu à peu.

— Oh ! non, dit-il enfin, c'est impossible... ce n'était pas vous !...

— Écoute, reprit-elle.

Et sa voix était douce comme l'harmonie des brises d'automne dans les grands bois de sapins et au travers des ruines féodales où vibrent les harpes éoliennes.

Caboche cacha son front dans ses deux mains.

— Non, dit-il, non, je ne veux pas vous entendre.

Elle eut un rire moqueur et triste à la fois :

— Tu serais donc le premier homme qui fermerait les oreilles aux accents de ma voix ?

Un soupir souleva la poitrine du bourreau, mais il ne protesta plus.

La Périne reprit :

— J'avais seize ans. Je courais les rues nu-tête et nu-pieds. J'étais une pauvre fille qui croyait à Dieu et que le diable n'avait point tentée encore.

Nous vivions, ma mère et moi, en un pauvre logis de la rue des Lions, au bord de l'eau, et nous étions lavandières de notre état.

Un soir je retournais à la maison.

Un jeune homme me suivit.

Il s'arrêtait quand je m'arrêtais ; il se remettait en marche lorsque je continuais mon chemin.

Enfin, au détour d'une ruelle sombre, il osa me parler. Je tremblais bien fort ; mais il tremblait plus que moi encore.

Cependant il osa me parler d'amour.

Te souviens-tu de cela, Caboche ?

Un frémissement convulsif parcourait le corps du bourreau.

— Oui, murmura-t-il d'une voix étouffée.

— J'étais honnête et fière en ma pauvreté, poursuivit la Périne, et je répondis à cet homme : Celui qui voudra m'aimer me conduira en une église et un prêtre nous bénira.

Et alors encore le jeune homme poussa un cri sourd et prit la fuite en murmurant :

— Ah ! si vous saviez qui je suis?

— Et je ne devais le revoir que longtemps après, dit-elle encore, le jour du supplice de Raymond de Neuville ; car cet homme, c'était toi !

— C'était moi, répéta Caboche comme un lugubre écho.

— Et ce jour-là, continua la Périne, j'eus honte et remords, moi la fille perdue, de t'avoir repoussé jadis, car tu étais beau !

— Tais-toi, démon, dit le bourreau, tais-toi !

Mais elle passa son bras au cou de Caboche et poursuivit de sa voix la plus enchanteresse :

— Et maintenant que je me suis repentie, je veux sceller mon repentir, je veux réparer ma faute, je veux t'aimer, parce que tu es fort, parce que tu es brave, parce que les hommes te craignent et que la lionne doit aimer le lion. Comprends-tu ?

— Tais-toi, tais-toi ! dit encore le bourreau.

— Je suis une grande dame à présent, reprit-elle, j'ai un palais, j'ai de l'or, des écuyers et des pages. Veux-tu partager tout cela ? Tu n'as qu'un mot à dire, Caboche, et je serai ton esclave, moi qui vois à mes pieds les plus hauts seigneurs du royaume.

Demain soir, aux premières ombres de la nuit, descends au bord de l'eau.

Une barque montée par deux de mes varlets t'attendra. J'ai chassé Cornebut comme un page inutile ; je n'aime plus, je ne veux plus aimer que toi.

— Sirène ! murmura Caboche, tu mens.

— Je mens! dit-elle, tu crois que je mens? mais vois mes yeux qui te contemplent! Écoute ma voix qui frémit de volupté en te donnant ce rendez-vous d'amour! Ne sens-tu pas ma main trembler dans la tienne! Ah! si tu savais comme mon cœur bat...

Caboche se débattait sous le charme.

Un moment il secoua cette torpeur étrange qui s'était emparée de lui.

Et repoussant la Périne, et défiant son regard lubrique, il lui dit :

— Et si j'acceptais ton rendez-vous, ne me demanderais-tu rien en échange?

— Si, répondit-elle hardiment, la vie d'un homme.

— D'un homme que tu aimes, Périne?

— D'un homme que je n'aime plus depuis que je t'ai revu.

— Alors, pourquoi veux-tu sa vie?

— Parce que, répondit-elle encore avec un accent de sincérité qui bouleversa Caboche, parce que, si bas que je sois tombée, j'ai horreur du sang, et que je ne veux pas causer la mort d'un homme.

Caboche eut un rire cynique.

— Tu mens, démon! répéta-t-il.

— Faut-il tout te dire? Eh bien! dans mon enfance, une sorcière a pris ma main et elle y a lu ma destinée.

— Ah! vraiment!

— Et ma destinée est écrite ainsi : Le jour où un

homme mourra par mon fait et ma faute sera la veille de ma propre mort.

— Tu mens encore, s'écria le bourreau. Tu l'aimes, ce capitaine, tu l'aimes toujours !

Elle ne jeta pas un cri ; le sourire de ses lèvres ne s'effaça point; sa voix ne perdit rien de son harmonie.

— Si je l'aimais encore, dit-elle, mes yeux seraient pleins de larmes. Veux-tu que je chante ?

— Non, dit Caboche, je veux que tu me donnes une preuve d'amour.

— Parle, je suis prête.

Et elle continuait à le fasciner du regard, et elle avait arrondi ses bras nus autour du cou de Caboche.

— Je suis jaloux, dit-il.

— Ah !

— Et je voudrais pouvoir mettre à mort tous ceux dont les lèvres ont rencontré tes lèvres.

— Eh bien ?

— Laisse-moi pendre le capitaine, dit froidement Caboche, et je croirai à ton amour.

Et il eut un rire moqueur en prononçant ces derniers mots.

La Périne poussa un cri,

Un cri qui vibra par la salle comme un bruit de tonnerre, un bruit qui remua dans leurs entrailles tous ces gens muets et attentifs comme une galerie de témoins assistant à un combat passionné.

Et soudain les nerfs de la ribaude se distendirent, le

masque de gaieté lubrique posé sur son visage se détacha, le cercle de glace où elle avait pendant une heure comprimé son cœur se rompit :

— Ah ! misérable tourmenteur ! s'écria-t-elle en se redressant folle de terreur, folle de désespoir, effrayante ; ah ! tortionnaire infâme, je t'ouvrais le paradis, et tu m'as refusé.

Ainsi moi, la Périne, la plus belle fille de Paris, moi qui ai mis à mes pieds d'un regard et d'un sourire les plus galants seigneurs de France et d'Italie, je voulais t'ouvrir mes bras, à toi l'homme hideux, couvert de sang, et tu as osé me repousser. Non, non, misérable, ce n'est pas toi que j'aime, et j'ai honte de moi en songeant que je t'ai parlé d'amour !

Mais si tu résistes à l'amour, peut-être ne méprises-tu pas l'or ? Parle, combien veux-tu ? je puis te faire riche et tu abandonneras ton métier infâme.

Vends-moi cette vie qui maintenant t'appartient. Vends-la-moi au poids de l'or, prends tout ce que je possède !...

Et elle ôta ses bracelets et les posa sur la table graisseuse où le bourreau s'était accoudé.

Elle secoua sa luxuriante chevelure et les diamants tombèrent sur les bracelets comme une pluie d'étincelles. Elle ôta de son cou son triple collier de perles et voulut le passer au cou du bourreau.

Mais il la repoussa durement.

— Je ne veux rien, lui dit-il, rien absolument. Je

suis bourreau, et il faut que je fasse ma besogne. Tout ce que je puis pour toi, ribaude, c'est de prendre le corps de ton amant et de te le rendre.

Et achevant de briser le charme sous lequel il avait si longtemps palpité, Caboche se leva, et traversa la salle en disant à ses aides :

— Suivez-moi, vous autres !

Alors la ribaude jeta un nouveau cri.

Puis elle tomba à genoux, se tordit les mains de fureur et de désespoir, et s'adressant aux ribaudes et aux ribauds, aux truands et aux escholiers, au moine aviné qui se réveillait pour la troisième fois, elle leur dit d'une voix suppliante, tandis que deux ruisseaux de larmes coulaient le long de ses joues :

— Ne viendrez-vous pas à mon aide, ô mes amis, ne ferez-vous donc rien pour moi ! Ah ! si vous le vouliez, on ne pendrait pas mon bien-aimé Fleur-d'Amour. Quand le peuple le veut, il fait trembler les rois jusque dans leur Louvre.

Quand il se rue sur la Grève, il renverse la potence, il anéantit l'échafaud et le bourreau rentre dans l'ombre. Vous ne connaissez donc pas Fleur-d'Amour, le beau capitaine, que vous ne me répondez pas... il n'y a donc personne ici qui l'ait jamais vu ?... il n'a donc pas d'amis parmi ses soldats ?

Et après avoir tendu les mains vers les ribauds, elle suppliait maintenant les archers.

Mais nul ne bougeait.

Et elle continuait en se tordant les mains :

— J'ai prié Dieu, et Dieu ne m'entend pas ; j'ai baisé les éperons des gentilshommes, et les gentilshommes n'ont pas eu pitié de moi ; j'ai offert mon corps au bourreau et le bourreau m'a repoussée ; je m'adresse enfin à vous qui m'avez aimée, à vous mes frères et mes sœurs, et vous êtes muets. Qui donc, ô misère ! me viendra en aide ?

— L'enfer ! dit une voix sinistre.

Un frisson de terreur parcourut la salle.

C'était la sorcière, la bohémienne à la voix chevrotante, qui venait de prononcer ce mot.

— Ah ! je te reconnais, toi, s'écria la Périne, tu es venue chez moi.

— Oui, ma fille.

— Et je t'ai repoussée, pardonne-moi.

— Veux-tu de mon secours ?

La Périne attacha sur elle un regard avide où l'espoir et la défiance semblaient se combattre.

— Je puis sauver Fleur-d'Amour, dit encore la sorcière.

— Tu ne me trompes pas ? tu ne me mens pas ?

— Je prends tous ceux qui sont ici à témoin, répondit la bohémienne avec assurance.

— Et que peux-tu donc pour cela ? demanda la Périne d'une voix entrecoupée de sanglots.

— Je te présenterai cette nuit même à Satan mon maître.

— Eh bien ! s'écria la ribaude, que Satan sauve

Fleur-d'Amour, et je me donne à lui pour l'éternité.

— Viens donc alors, dit la sorcière.

— Où va-t-on me conduire ?

— Au sabbat.

La Périne s'apprêtait à suivre la sorcière.

Mais celle-ci se mit à sourire.

— Oh ! dit-elle, on ne part pas ainsi sans préparatifs, attends.

Et elle tira de son sein une petite fiole qu'elle tendit à la ribaude en lui disant :

— Bois cela !

La Périne prit la fiole, la porta à ses lèvres et la vida d'un trait.

Soudain elle tomba à la renverse, ses yeux se fermèrent, et sans doute que son âme abandonnant son corps, partit sur l'aile du vent ou portée par un bouc à la recherche de ce lieu mystérieux et sauvage où Satan tenait sa nocturne assemblée.

. . . .

En ce moment aussi, la porte de la taverne se rouvrit, et l'homme masqué, l'homme vêtu de rouge, entra.

— Allons ! dit-il à la sorcière, hâtons-nous, on nous attend là-bas.

Et il chargea sur ses épaules le corps endormi de la Périne.

III

Quand la Périne revint à elle, elle ne sut si son âme habitait encore son corps, ou si elle n'était plus qu'un esprit.

Ses yeux s'ouvraient au milieu d'un site désolé et sinistre, et elle se trouvait assise sur un tronc d'arbre.

Où était-elle? elle n'aurait pu le dire.

Que s'était-il passé? mystère encore.

La nuit l'enveloppait, une nuit sombre et froide.

Au-dessus de sa tête, le vent chassait des nuages noirs et tourmentés.

Elle murmura :

— J'ai froid.

Alors une voix lui répondit :

— Tu n'auras plus froid tout à l'heure.

Et la Périne vit auprès d'elle la vieille sorcière qui lui avait promis son secours.

Un nom jaillit de ses lèvres :

— Fleur-d'Amour !

— Oui, dit la sorcière, c'est pour lui que nous allons au sabbat.

— Ah ! fit encore la Périne, qui se souvint.

Et de nouveau elle regarda autour d'elle.

En quel lieu du monde les esprits infernaux l'avaient-ils transportée ?

— Où suis-je ? demanda-t-elle à la sorcière.

— Sur le chemin du sabbat.

— Loin de Paris ?

— A mille lieues...

— O mon Dieu ! dit alors la ribaude éperdue, mais nous arriverons trop tard.

— Tu crois ?

— Fleur-d'Amour est peut-être déjà mort ? reprit la Périne avec angoisse.

— Non, dit la sorcière, ne crains rien.

Alors elle ouvrit son manteau, une guenille qui la couvrait des pieds à la tête, et la Périne vit qu'en dessous elle n'avait pas d'autre vêtement.

La sorcière était toute nue.

Seulement elle avait caché sous ce manteau un balai, qu'elle passa entre ses jambes.

— Voilà notre cheval, dit-elle. Prends ma main, il nous portera toutes les deux.

La Périne continuait à se demander si elle était le jouet d'un rêve ou si elle était éveillée.

— Est-ce seulement mon esprit qui voyage ? demanda-t-elle.

— Non, répondit la sorcière, c'est ton corps. Tu n'as que cela à vendre, car ton âme est à nous depuis longtemps.

— Mon corps est à Fleur-d'Amour, murmura la Périne.

— Et à messire François Cornebut aussi, dit la sorcière.

La Périne eut un gémissement sourd.

— Satan aime les belles femmes, dit encore la sorcière; et si tu lui plais, il t'accordera la vie de Fleur-d'Amour.

La Périne eut un geste d'effroi.

— Bah! reprit la sorcière, crois-tu que Satan ne vaille pas le bourreau?

La ribaude tressaillit.

— Tu voulais te donner au bourreau, tu peux bien aimer Satan une heure pour racheter la vie de Fleur-d'Amour. Allons, viens!

Et la sorcière, à cheval sur son balai, se mit en route, entraînant la ribaude après elle.

Et la Périne marchait, haletante, emportée dans une sorte de tourbillon.

A cheval sur son balai, l'horrible vieille semblait traverser l'espace avec la vitesse du vent; mais chose plus étrange encore, la Périne qui n'avait pas de balai, allait aussi vite qu'elle. Ses pieds saignaient; la bise soulevait de ses âpres caresses sa chevelure dénouée; elle avait sur les épaules comme un manteau de glace, mais au cœur une chaleur d'enfer, et parfois il lui semblait que sa tête allait éclater comme un de ces vases de terre cuite, dans lesquels les Espagnols mettaient de la poudre et un boulet de canon.

Où était-elle?

Elle ne le savait pas.

Le chemin qu'elle suivait courait désert, dans un vallon sombre, de toutes parts dominé par des collines sans végétation.

C'était la nuit avec ses horreurs, sa solitude noire de mystères.

Depuis quand marchait-elle ?

Elle n'aurait pu le dire.

Et la vieille l'entraînait toujours, disant :

— Viens, viens, nous allons être en retard !

Tout à coup le chemin fit un brusque détour, comme s'il eût voulu s'enfoncer dans les profondeurs caverneuses d'une des collines.

Une ombre s'agita derrière un buisson.

Était-ce un démon ? était-ce un homme ?

La sorcière s'arrêta.

Alors l'ombre se mit en marche et vint à sa rencontre.

La Périne tremblait de tous ses membres.

Cependant elle regarda cette ombre et lui trouva forme humaine, bien qu'elle eût la conviction que c'était un démon.

Et l'ombre s'approchant encore :

— Vous êtes en retard, dit-elle.

— La fête infernale est donc commencée ? demanda la sorcière.

— Non, répondit le démon, mais le maître s'impatiente, il est amoureux.

— Tu vois, dit la sorcière en souriant d'un mauvais rire.

La ribaude frissonna.

En ce moment un rayon de lune glissa entre deux nuages et éclaira le nouveau venu.

Il était comme son maître Satan, vêtu de rouge, mais il ne portait pas de masque sur le visage.

La Périne l'aperçut distinctement l'espace d'une seconde. C'était un jeune homme, — un jeune homme qu'elle avait déjà vu quelque part, — peut-être bien dans la taverne de l'*Écu rogné*.

Puis le rayon de lune disparut de nouveau derrière les nuages et tout rentra dans les ténèbres.

— En route, en route ! dit la sorcière.

La course fantastique recommença, le jeune homme vêtu de rouge devançant les deux femmes.

Le vallon sauvage où ne poussait pas un brin d'herbe allait toujours se rétrécissant.

Si vite qu'elle courût, entraînée par la sorcière, la Périne regardait parfois autour d'elle, et il lui semblait qu'à droite et à gauche, dans les ténèbres, se dressaient des arbres sans branches, et que des corps se balançaient en haut de ces arbres.

La sorcière lui dit :

— Ce sont des potences ! Allons vite, si tu veux que Satan ne permette pas qu'on en fasse autant de ton bien-aimé Fleur-d'Amour.

Et la Périne courait éperdue, les pieds en sang, la sueur au front, l'angoisse au cœur.

Le vallon fit encore un brusque détour.

Alors la Périne aperçut une lueur rouge dans le lointain.

— Nous arrivons ! cria le jeune homme qui courait en avant.

Et à mesure que la Périne approchait, la lueur grandissait et prenait les proportions d'un incendie, et le vallon si étroit naguère s'élargissait peu à peu.

Tout à coup les collines hérissées de pendus s'abaissèrent brusquement, et bientôt la ribaude se trouva au milieu d'une sorte de carrefour entouré de grands arbres.

Au milieu flambait un brasier immense.

Autour du brasier s'enroulait une guirlande de démons et de femmes nues qui dansaient en chantant dans un langage bizarre des paroles incompréhensibles.

Debout, au milieu des flammes qui semblaient être son élément, l'homme rouge au masque noir présidait à cette orgie nocturne.

Et la sorcière entraîna la Périne jusqu'au bord du cercle infernal.

Et la Périne entendit des rires obscènes, des baisers bruyants, et elle vit une étrange tarandole d'hommes et de femmes sur la chair nue desquels le brasier répandait sa rouge clarté.

Était-ce des hommes ou des femmes, ou bien des démons empruntant forme humaine pour se livrer à leurs horribles ébats ?

La Périne ne le savait pas.

Le maître, celui que la sorcière appelait Satan, et qui paraissait vivre dans le feu aussi à l'aise qu'un oiseau dans le bleu du ciel, prit alors à sa ceinture un sifflet d'argent, et souffla dedans par trois fois.

Soudain les danses cessèrent, le feu s'éteignit comme par miracle, et les ténèbres devinrent opaques.

En même temps, il marcha droit à la Périne et lui dit :

— Je t'attendais !

Le silence, un silence plein de vagues murmures et de baisers étouffés, s'était fait au coup de sifflet du maître.

Satan prit dans sa main la main de la ribaude et elle jeta un cri.

Elle crut avoir mis la main dans le feu.

Satan avait une voix harmonieuse et douce ; et si sa main brûlait, son regard était fascinateur autant que sa voix.

Et ce regard pesait sur la Périne palpitante, et le maître infernal continua :

— Je sais pour quoi tu viens, et je t'accorderai ce que tu me demandes ; mais, auparavant, il faut que tu m'écoutes...

Il passa son bras sous la taille de la ribaude et l'enleva de terre.

— Viens là-bas, dit-il, dans ce bois plein d'ombre et de mystère, où nul ne nous entendra, car mes démons sont curieux comme des hommes.

La sorcière s'était mêlée à la bande et avait quitté la Périne.

Satan emporta la ribaude sous les grands arbres et l'assit sur un tertre couvert de gazon.

En ce moment, la lune se dégagea de nouveau d'entre les nuages, et la Périne vit le carrefour désert.

Démons et sorcières s'étaient évanouis comme une légère fumée que le brouillard laisse après lui dans les prés humides.

Et la ribaude était seule, seule avec Satan qui s'était mis à genoux devant elle, tenait ses deux mains dans les siennes et lui disait :

— Sais-tu que je t'aime depuis longtemps ?

Chose étrange ! la main du démon ne brûlait plus les mains de la ribaude, et sa voix enchanteresse pénétrait au fond de son âme et la bouleversait.

Cependant Satan n'ôtait pas son masque; mais, au travers, ses yeux étaient brillants d'amour, et, involontairement, la Périne songea à tous ces hommes qu'elle avait vus tour à tour à ses pieds, lui tenir des propos galants.

Satan lui disait :

— Oui, je t'aime depuis longtemps. Une nuit, je suis allé sur la terre pour prendre ton âme, car tu allais mourir, il y a de cela deux ans. Dans un accès de jalousie, un de tes amants avait résolu ton trépas.

Tu l'avais trompé.

J'entrai dans ta chambre, tu dormais.

Ton amant vint; il arrive sur la pointe du pied, retenant son haleine.

Il avait un poignard à la main; et moi je me tenais invisible au chevet de ton lit, attendant qu'il eût frappé pour prendre ton âme qui m'appartenait, et l'emporter.

Mais tu étais si belle dans ton sommeil, que j'eus pitié de toi.

Et comme le forcené levait le bras pour te frapper, je le lui saisis et retournai l'arme meurtrière contre sa poitrine.

Te souviens-tu de cela, Périne?

— Oui, balbutia la ribaude.

— Un cri de douleur t'éveilla et tu vis ton amant se tordant au pied de ton lit dans les convulsions d'une agonie suprême. Tu crus qu'il s'était tué pour toi.

— Oui, dit-elle encore.

— Depuis ce jour-là, je t'aime, poursuivit Satan. Mais si les âmes m'appartiennent, les corps ne sont à moi que quand on me les donne. Aimes-tu donc bien le capitaine Fleur-d'Amour?

— Oh oui! fit la Périne.

— Si tu m'aimes, je le sauverai...

— Elle courba la tête, émue, frissonnante, sous ce regard qui la perçait d'outre en outre, palpitante sous le charme de cette voix aux harmonies infinies qui s'échappait de la poitrine de Satan.

— Tu vas souper avec moi, dit-il encore, et tu seras à ma droite, et je veux que mes sujets te considèrent comme une reine. Car tu seras reine un jour, Périne...

quand tu mourras, je te ferai monter sur mon trône infernal, et tu partageras ma couronne.

En disant cela, il porta à ses lèvres son sifflet d'argent.

Soudain, le carrefour s'illumina de nouveau.

Des diables et des diablotins, des hommes et des femmes nus portant des torches ou tenant des boucs en laisse apparurent courant de droite et de gauche et envahirent le carrefour.

Puis la Périne vit de petits démons vêtus de rouge et qui semblaient vomir des flammes par les narines et la bouche, dresser une immense table et la charger de mets délicats et de vins exquis.

Et pendant ce temps, Satan lui parlait d'amour et lui disait encore :

— Qu'est-ce pour toi qu'une heure passée dans mes bras, si je te rends à ton cher Fleur-d'Amour ?

La table dressée, le maître fit faire silence ; puis il prit place, et mit la Périne à sa droite.

Après quoi, il désigna son rang à chaque convive, plaçant un démon nu à côté de chaque femme nue, et l'orgie commença.

Un bouc énorme monta sur la table et vint se placer en face de Satan.

Alors chaque convive se leva et mit un baiser sur la tête de l'animal qui reçut gravement cette caresse.

Puis, chaque convive regagna sa place.

Satan paraissait, du reste, indifférent aux rires

bruyants et aux chants obscènes de ses hôtes.

Il n'était occupé que de la Périne.

— Tu es froide avec moi, mon amour, disait-il, froide comme un de ces glaçons qui descendent des mers du Nord. Tu ne veux donc pas m'aimer, ma belle ?

Et il lui versait un vin jaune comme de l'ambre, et la Périne, en le buvant, croyait avaler des flammes.

Tout à coup Satan se mit à rire :

— Ah ! dit-il, je sais pourquoi tu demeures sourde à ma voix, pourquoi mes baisers ne te font pas frissonner, pourquoi tu trembles quand je te regarde ?

Et comme elle ne répondait pas, il poursuivit :

— Tu auras entendu raconter sur la terre une absurde histoire. On t'aura dit que je portais un masque sur le visage, parceque mon visage ressemblait à une tête de mort.

— Eh bien ! regarde.

Et le masque de Satan tomba.

La Périne jeta un cri d'admiration.

Satan était beau, comme jamais un homme peut-être ne l'avait été.

Il avait de grands yeux noirs, des lèvres rouges, un nez finement busqué et cette peau dorée qui semble être l'apanage des bohémiens.

Sa chevelure noire et luisante comme celle du corbeau tombait en boucles confuses sur ses épaules.

C'était bien la beauté fatale de l'archange chassé du ciel, de Lucifer devenu le roi du mal, mais qui se souvenait de sa première demeure.

— Voyons, dit-il avec un sourire, ne suis-je pas aussi beau que le capitaine Fleur-d'Amour? m'aimeras-tu une heure pendant ta vie, avant de m'aimer toute l'éternité après ta mort ?

Il lui versa à boire une fois encore ; puis, lui prenant le gobelet des mains, il y trempa ses lèvres.

— Bois maintenant, dit-il.

Et quand elle eut vidé son verre jusqu'à la dernière goutte, il la prit dans ses bras, l'attira sur ses genoux, colla ses lèvres sur ses lèvres et lui donna un long baiser.

La Périne jeta un cri étouffé, et soudain les torches s'éteignirent, le bouc disparut, les chants cessèrent et avec eux les autres bruits de l'orgie, et la ribaude, plongée dans les ténèbres, se trouva dans les bras du démon.

Et tandis qu'elle se débattait sous ses baisers de feu, un bruit traversa l'espace, un chant plutôt.

Une note joyeuse et sonore retentit, et Satan repoussa de ses bras la Périne éperdue.

C'était le chant du coq qui se faisait entendre et saluait les premières clartés de l'aube.

Et la Périne cessa de se débattre et ses yeux se fermèrent.

Elle était débarrassée enfin des étreintes du démon.

. . . .

Et quand la Périne rouvrit les yeux, elle se trouva seule, mais elle n'était plus ni dans le carrefour infernal ni dans le vallon sauvage.

Elle se retrouvait dans le cabaret de l'*Écu rogné*.

Le cabaret était désert. Les truands, les ribauds et les filles avaient disparu ; le moine ronflait sous une table, l'hôte, lui, s'était endormi derrière son comptoir.

Les premières lueurs de l'aurore apparaissaient au travers des vitres graisseuses du cabaret.

La Périne se leva et prononça un nom :

— Fleur-d'Amour !

Et comme ce nom sortait des profondeurs de son âme avec l'angoisse du doute, la porte du cabaret s'ouvrit et trois hommes entrèrent.

Le premier était Caboche.

Derrière lui, ses deux aides apportaient un cadavre.

— Je t'ai promis de te rendre le corps de ton amant, dit Caboche. Le voilà.

Et il fit un signe, et ses aides déposèrent le cadavre du capitaine Fleur-d'Amour sur une des tables du cabaret.

La Périne jeta un grand cri, un cri de bête fauve à qui l'on a enlevé sa progéniture.

— Ah ! dit-elle, en se précipitant sur le corps du capitaine et le couvrant de ses larmes et de ses baisers furieux, ah ! Satan m'a trompée !...

— Satan ne trompe personne, répondit une voix.

Et alors derrière le bourreau, derrière ses aides, apparut la sorcière qui avait emmené la ribaude au sabbat !...

IV

Car enfin, on avait pendu le capitaine Fleur-d'Amour, pendant que la Périne, sa maîtresse éplorée, s'en allait au sabbat racheter sa vie.

Aux premières clartés de l'aube, le peuple remplissait la place de Grève et entourait la potence.

Ribauds et ribaudes, archers et cordeliers s'étaient précipités hors de la taverne de maître Carapin et s'étaient mêlés à la foule.

Le sceptique, qui avait soutenu que l'homme vêtu de rouge n'était point le diable, était au premier rang des curieux et il disait :

— Vous allez voir si la sorcière, avec tous ses maléfices, fera casser la corde.

La foule avait attendu en hurlant que l'heure du supplice fût venue.

A cinq heures du matin, il s'était fait un grand mouvement sur la place, et une troupe d'hommes d'armes à cheval avait refoulé le populaire devant elle.

Au milieu des hommes d'armes à cheval, marchait le condamné.

C'était un beau jeune homme, en vérité, que le capitaine Fleur-d'Amour, et un vaillant soldat qui n'avait pas ménagé son sang sur vingt champs de bataille pour le service du roi.

Ses longs cheveux blonds tombaient bouclés sur ses épaules, et son œil bleu regardait la foule avec plus de curiosité que de terreur.

Les hommes d'armes avaient peine à avancer, et à chaque instant le peuple rompait leurs rangs et parvenait jusqu'au condamné, ce qui permettait à celui-ci d'échanger quelques mots avec les curieux.

Les femmes qui étaient, comme toujours, en majorité, plaignaient Fleur-d'Amour tout haut.

Il était si beau, si brave ; il allait à la mort avec tant d'insouciance et de tranquillité, que plusieurs disaient que c'était une abomination de pendre un si gentil damoiseau.

Une vieille femme, au risque de se faire écraser, passant au travers des jambes des chevaux, était parvenue jusqu'à lui et lui disait :

— Mais qu'as-tu donc fait, mon cher mignon, qu'on va te brancher comme un escarpe ou un compagnon de la Marjolaine ?

— Ah! ma bonne vieille, répondit Fleur-d'Amour avec mélancolie ; si je te le disais, tu ne le croirais pas !

— Dis toujours, mon mignon, reprit la vieille, attachant sur le beau capitaine un regard plein de compassion.

— Figure-toi, reprit Fleur-d'Amour, que j'ai deux maîtresses.

— Coquin, va !

— Une que je n'aime plus, et une dont je suis fou.

— Ah ! ah !

— Et c'est pour celle que je n'aime plus que je vais être pendu ; c'est une méchante aventure, n'est-ce pas ? J'allais chez elle, pour la dernière fois, il y a quinze jours, et j'étais bien décidé à lui dire : « Périne, ma chère, tout passe, tout lasse et tout casse. Je t'ai aimée, je ne t'aime plus, prends un autre galant et soyons bons amis. »

— Et alors la gueuse a voulu te faire pendre ?

— Ah ! dit Fleur-d'Amour, je n'ai pas eu le temps de lui dire tout cela; comme j'entrais chez elle, comme elle me sautait au cou, la pauvrette, les archers de messire François Cornebut, le prévôt de Paris, m'ont appréhendé et m'ont emmené en prison.

Puis on m'a fait mon procès et on a prouvé à mes juges que j'avais conspiré contre le roi, ce qui n'est pas vrai.

— Ah ! si encore, soupira Fleur-d'Amour, j'étais pendu pour Géromée...

— Qu'est-ce que Géromée ?

— C'est la femme que j'aime, dit le capitaine ; une belle fille aussi, plus belle que la Périne... et sage avec cela, car la Périne n'est qu'une ribaude, tandis que Géromée est une honnête fille.

En parlant ainsi, le capitaine promenait un regard mélancolique sur cette mer de têtes et ajoutait :

— Si encore elle était venue, elle, pour assister à mon supplice... si je pouvais la voir une dernière fois...

La vieille femme vit une larme briller dans les yeux du beau capitaine.

— Bah! reprit-il, après ça, elle se ferait du mal, la pauvre petite, car elle m'aimait bien... autant vaut qu'elle ne soit pas venue.

Et il continua à marcher vers la potence qui se dressait hideuse au-dessus de la foule.

Alors la vieille lui dit :

— Tu n'as donc pas peur de la mort ?

— Non, dit Fleur-d'Amour. Seulement j'aurais préféré un coup d'arquebuse ou un coup de rapière à cette vilaine corde.

— Tu ne trembles donc pas en marchant ?

— Non, dit encore Fleur-d'Amour, mais j'ai soif.

— Ah ! tu as soif ?

— Et je donnerais bien la dernière pistole qui me reste en mon escarcelle et qui va tout à l'heure appartenir à Caboche pour un verre de vin.

— Eh bien ! dit la vieille en ouvrant son manteau, bois !

Et elle prit un flacon suspendu à sa ceinture et qu'avaient jusque-là caché les plis du manteau.

— Qu'est-ce que cela ? dit Fleur-d'Amour.

— Une liqueur qui apaisera ta soif, mon mignon, et te réconfortera.

Fleur-d'Amour avait les mains liées derrière le dos.

La vieille femme déboucha le flacon et l'approcha de ses lèvres.

— Bois, répéta-t-elle.

Fleur-d'Amour but à longs traits.

Mais tout à coup il s'écria :

— Ah ! la sorcière.

— Qu'as-tu donc ? demanda un des hommes à cheval.

— Je crois qu'elle m'a fait boire du feu.

La vieille se glissant sous les chevaux avait déjà disparu.

Et Fleur-d'Amour qui souriait tout à l'heure devint livide, ses jambes tremblaient sous lui, et il murmura :

— Je crois qu'on n'aura pas besoin de me pendre, je me sens mourir.

Heureusement il était arrivé au pied de la potence et les aides de Caboche s'étaient aussitôt emparés de lui.

Ils le hissèrent sur la plate-forme, car ses jambes refusaient de le soutenir.

Cependant il se raidit contre la douleur et s'écria :

— Je ne veux pas qu'on croie que j'ai peur... c'est ce que m'a fait boire cette sorcière de malheur qui me fait trembler ainsi. Mais croyez bien...

Il n'acheva pas.

Caboche lui passa la corde au cou, fit jouer la planche, et le pauvre capitaine Fleur-d'Amour fut lancé dans l'espace.

Un nom était venu jusqu'à ses lèvres.

Non point le nom de Périne la ribaude, mais le nom de Géromée, la fille honnête et sage.

Et comme son corps se balançait dans le vide, un de ses aides dit à Caboche :

— Vous ne lui sautez onc pas sur les épaules ?
— Non, dit le bourreau.
— Pourquoi ?
— Parce que je le défigurerais, en lui brisant la colonne vertébrale, et que je veux le rendre avec son joli visage à la Périne, la belle ribaude. Du reste, regarde, c'est bien inutile...

Et, en effet, Fleur-d'Amour pendait immobile déjà à la potence, et la mort paraissait avoir été instantanée.

Les hommes d'armes à cheval refoulèrent le peuple qui ne se retirait pas assez vite, et alors Caboche dit à ses aides :

— Il faut tenir notre promesse : décrochons le pendu et portons-le à la taverne de l'*Écu rogné* où, sans doute, nous retrouverons la Périne.

Et ce qui avait été dit fut fait, comme on l'a vu, et un quart d'heure après la malheureuse ribaude s'arrachait les cheveux sur le corps de son amant, le beau capitaine Fleur-d'Amour.

Caboche et ses aides étaient partis, et tandis que la Périne s'écriait :

— Satan m'a trompée !

La bohémienne qui l'avait menée au sabbat entra dans le cabaret en disant :

— Satan tient sa parole !

Alors, avec la bohémienne, une douzaine d'hommes et de femmes de sa race entrèrent dans la taverne.

La Périne affolée les regardait d'un œil stupide et disait :

— Mais vous voyez bien qu'il est mort !

La sorcière ne lui répondit pas; mais elle se tourna vers Carapin, l'hôtelier qui se frottait encore les yeux :

— Ferme ta porte, dit-elle, et ne laisse plus entrer personne.

Puis, posant sa main décharnée sur l'épaule de la Périne qui fondait en larmes et continuait à s'arracher les cheveux.

— Il est mort en effet, dit-elle; mais nous allons le ressusciter de par Satan.

La Périne jeta un cri.

Les bohémiens se prirent alors par la main, entonnèrent un chant bizarre et se mirent à danser autour de la table sur laquelle gisait le corps du beau capitaine.

Puis, au bout d'un quart d'heure, comme la Périne continuait à se lamenter, et disait :

— Vous voyez bien que les morts ne reviennent pas !

La sorcière tira de son sein une petite fiole dont elle versa quelques gouttes sur un chiffon de laine, et avec ce chiffon, elle se mit à frotter les tempes, les lèvres et les narines du mort.

Alors la Périne cessa de pleurer.

Les yeux fixes, haletante, muette, elle regarda.

Au bout de quelques minutes, elle jeta un cri.

Elle avait surpris un imperceptible tressaillement dans le corps du capitaine.

La sorcière humectait toujours les narines, les lèvres et les tempes.

— Pose ta main sur son cœur, dit-elle enfin, s'adressant à la ribaude.

La Périne obéit et jeta soudain un nouveau cri.

Le cœur de Fleur-d'Amour battait.

— Maintenant, dit la sorcière, attendons... tu vois bien que Satan ne fait jamais défaut à ceux qui l'invoquent.

Les danses autour de la table recommencèrent accompagnées du chant bizarre.

La Périne, palpitante, avait toujours sa main sur le cœur du capitaine, et ce cœur battait, et les tressaillements devenaient plus fréquents et plus accusés par tout le reste du corps.

L'œil de la sorcière étincelait.

— Douteras-tu encore de la puissance de Satan? disait-elle en regardant la Périne dont le visage était baigné de larmes, bien que ses yeux fussent rouges et secs.

— Il est bien sauvé! dit une voix parmi les bohémiens.

La Périne regarda.

Une autre vieille femme était auprès de la sorcière.

— C'est moi, dit-elle, qui ai fait boire le capitaine au moment où il marchait au supplice.

La Périne attacha sur elle un œil plein de reconnaissance.

La vieille poursuivit :

— Je lui ai donné à boire une liqueur enchantée. Cette liqueur l'a plongé dans un engourdissement presque subit;

en même temps elle a raidi les chairs de son cou, à telles enseignes, que la corde n'a pu le serrer assez pour lui donner la mort.

— Ah! fit la Périne.

— Mets ta main sur son cou, poursuivit la vieille, tu vas voir.

La Périne fit ce qu'on lui disait.

En effet le cou du capitaine était dur comme de la pierre, et on comprenait que cette catalepsie momentanée eût empêché la strangulation.

— Dans un quart d'heure, il ouvrira les yeux, dit encore la sorcière ; tu vois bien que Satan tient parole.

— La Périne pleurait toujours ; mais à présent c'était de joie.

La vieille femme qui avait donné à boire à Fleur-d'Amour regarda alors tristement la ribaude :

— Tu l'aimes donc bien? dit-elle.

— Si je l'aime ! répondit la Périne.

Et elle mit un ardent baiser sur le front du capitaine, encore évanoui.

— Il faut bien qu'elle l'aime, ricana la sorcière, puisque, pour le sauver, elle s'est donnée à Satan, cette nuit.

La Périne frissonna à ce souvenir, et le radieux visage de l'ange du mal passa dans son cerveau comme un éclair.

— Pauvre petite ! soupira la vieille femme.

La Périne se redressa.

— Pourquoi donc me plaignez-vous ? dit-elle.

— Parce que tu es à plaindre, ma mignonne.

— A plaindre, moi ?

Et la Périne sourit à travers ses larmes, et la joie de son cœur éclata :

— Oh ! non, dit-elle, je ne suis pas à plaindre, puisqu'il vit, et que, tout à l'heure, mes yeux rencontreront les siens.

La vieille femme hocha tristement la tête et répéta :

— Pauvre petite !

— Mais que voulez-vous dire ? s'écria la Périne avec inquiétude.

— Ne t'ai-je pas dit que j'avais donné à boire au beau capitaine ?

— Oui. Eh bien ?

— Tandis qu'on le menait au supplice, je marchais auprès de lui.

— Ah ! fit encore la Périne.

— Et nous avons causé tous les deux.

— O mon bien-aimé ! murmura la ribaude qui appuya ses lèvres sur les lèvres du capitaine.

— Il n'avait pas peur de la mort, va ! reprit la vieille femme.

— Il est si brave ! dit la Périne avec orgueil.

— Mais il mourait avec un regret.

— Lequel ? demanda-t-elle frémissante.

— Celui de ne pas apercevoir dans la foule une femme qu'il aimait avec passion.

— J'étais au sabbat, dit la ribaude.

La vieille se mit à rire :

— Qui te dit, fit-elle, que cette femme ce fût toi ?

— Et qui donc ? dit la Périne avec dédain.

— Comment te nommes-tu ?

— Périne.

— Alors ce n'est pas toi.

— La Périne eut un rugissement.

— Ce n'est pas le nom qu'il a dit, fit encore la vieille femme.

— Tu te trompes, bohémienne, dit la Périne avec colère : Fleur-d'Amour m'aime et n'a jamais aimé qu moi.

La vieille riait toujours.

— Il ne t'aimait plus...

— Tu mens !

— Il aimait une jeune fille du nom de Géromée.

La Périne jeta un cri et pâlit.

— Tu mens ! tu mens, bohémienne infâme ! dit-elle.

Le corps du capitaine commençait à s'agiter. Ses yeux étaient encore clos, mais ses lèvres remuaient.

— Il va parler, dit la Périne, écoutons :

La Périne éperdue se pencha sur son amant et les bohémiens l'entourèrent.

Le capitaine ne prononçait encore que des mots sans suite ; tout à coup on entendit ces paroles :

— O ma bien-aimée ! je vais m'éveiller dans l'autre monde, et j'ai quitté la vie sans te dire adieu ; pourquoi n'étais-tu pas là ?

— Tu l'entends? dit la vieille femme.

— C'est de moi qu'il parle ! dit la Périne.

— Écoute, et tu verras.

Les lèvres du capitaine s'agitaient de nouveau :

— O Géromée! dit-il.

La Périne recula en poussant un grand cri.

A ce cri le capitaine ouvrit les yeux et se dressa tout debout.

Alors la Périne se jeta à son cou et l'étreignit avec délire.

— Oh! mon bien-aimé! dit-elle, n'est-ce pas que c'est moi que tu aimes... moi, ta Périne, ton esclave, ton chien?... moi, qui ai obtenu ta vie de l'enfer puisque le ciel me la refusait.

Dis-moi que ces gens-là ont menti, qu'elle mentait cette vieille...

Et elle montra le poing à la sorcière...

— Cette vieille qui parlait de Géromée...

— Géromée! s'écria le capitaine avec un accent d'amour auquel la malheureuse Périne ne put se méprendre.

Et comme ce nom jaillissait sur son cœur, la porte de la taverne s'ouvrit violemment, et une jeune fille en larmes, les cheveux épars, entra en s'écriant :

— Oh! je veux le voir une dernière fois.

— Géromée! exclama de nouveau Fleur-d'Amour.

— Vivant! s'écria la jeune fille.

Et toutes les joies du paradis passèrent pour elle dans ce seul mot, et elle se jeta sur son cher capitaine qui, repoussant Périne, disait :

— Oh mon Dieu ! suis-je bien vivant encore ?

La Périne eut un rugissement de lionne blessée ; un stylet qu'elle portait à sa ceinture brilla tout à coup dans ses mains et elle se rua sur Géromée.

Mais un homme se dressa entre les deux rivales, saisit le bras de la Périne et lui arracha le poignard.

C'était le moine.

Le moine qui s'était réveillé, à qui personne n'avait fait attention, et qui, émerveillé de la résurrection du capitaine Fleur-d'Amour, disait :

— Puisque tu es la maîtresse de Satan, il ne faut pas qu'il t'arrive malheur ; je veux lui être agréable, moi aussi, puisqu'il m'a promis de me faire évêque...

La Périne s'affaissa lourdement sur le sol et y demeura évanouie.

La trahison de Fleur-d'Amour l'avait brisée !

— Allons, murmura la sorcière en regardant la bohémienne. Tout marche à souhait. Le maître sera content.

V

Messire François Cornebut, prévôt des archers de Paris, et l'homme qui tenait, comme on disait, les clefs de ville en sa main, avait bien fait les choses avec la Périne.

Ce n'était plus un homme jeune, messire François Cornebut.

Il avait touché depuis longtemps le cap de la cinquantaine, et il y avait beau jour que sa première femme était morte.

Car c'était un parvenu que ce François Cornebut qui était prévôt des archers, lieutenant du Châtelet, et si puissant que le roi, les princes, les seigneurs, ceux de la religion et les catholiques lui faisaient bonne mine et parfois un doigt de cour.

Au temps de sa jeunesse, comme il passait, simple archer, sous les fenêtres de dame Isabeau de Pierrefitte, une veuve fort riche et déjà vieille, mais dont le cœur, était encore sensible, il avait une si belle prestance que la dame le trouva à son goût.

Elle lui envoya le soir même un message d'amour, et huit jours après elle l'épousa.

Quand elle mourut, elle lui laissa une douzaine de seigneuries et trois ou quatre futailles pleines d'or.

Et ce fut ainsi que le soudard devint grand seigneur.

Or donc, il avait bien fait les choses avec la Périne; cet homme qui était brutal et cruel, dur au pauvre, insolent au riche, s'était épris d'un amour insensé pour la ribaude.

Il lui avait donné un palais, des pierreries, des varlets et des pages.

La Périne vivait environnée d'un luxe presque égal au

luxe de la duchesse d'Étampes, maîtresse du roi, ou de Diane de Poitiers, maîtresse du Dauphin.

Les plus galants seigneurs en étaient amoureux ; mais le farouche Cornebut les tenait à distance.

Cependant le capitaine Fleur-d'Amour qui n'était qu'un aventurier, un enfant d'amour, ramassé autrefois sous le porche d'une église, s'était moqué de messire François Cornebut et de sa toute-puissance.

Il avait aimé la Périne et la Périne l'avait aimé.

Chaque soir, quand Cornebut était parti, une barque glissait silencieuse sur la Seine et venait s'arrêter sous les murs de l'hôtel que la ribaude possédait auprès de la rue des Lions et du Palais Saint-Pol.

Alors une fenêtre s'ouvrait, une échelle de soie en tombait, et grâce à cette échelle, Fleur-d'Amour était bientôt dans les bras de sa maîtresse.

Cela avait duré longtemps, plusieurs mois, un an peut-être, lorsqu'un jour où la Périne avait été trahie par une de ses camérières, jolie fille qui rêvait de la supplanter dans le cœur du prévôt, des archers cachés dans l'hôtel avaient appréhendé le beau capitaine, et l'on sait ce qui en était advenu.

Mais la trahison de la Périne n'avait point guéri maître Cornebut de son mal d'amour.

Tant que le beau capitaine avait été en prison, et tandis qu'on instruisait son procès, le prévôt avait été fort en colère.

La Périne était allée au Châtelet se jeter à ses pieds pour lui demander la grâce de Fleur-d'Amour.

Cornebut l'avait chassée.

Mais quand on vint lui dire que Fleur-d'Amour avait été pendu, quand il sentit sa vengeance assouvie, son cœur ulcéré se trouva de nouveau plein de la Périne.

— Je lui pardonne ! se dit-il.

Mais elle, lui pardonnerait-elle ?

Messire François Cornebut était l'homme le plus puissant de Paris, et Caboche lui obéissait et dressait la potence aussi souvent qu'il prenait fantaisie au farouche prévôt d'envoyer un homme dans l'autre monde.

Mais que pouvait-il contre une femme ?

Contre une femme qui ne l'aimait plus, qui l'avait trompé et qui, sans doute, le haïssait mortellement, puisqu'il avait fait pendre son amant ?

Et seul, enfermé en son logis du Châtelet, farouche et ne voulant ni manger ni boire, messire François Cornebut était là depuis le matin, rudoyant le valet mal appris qui osait le venir troubler en son isolement.

Et cet homme, qui versait le sang un sourire aux lèvres, avait des larmes de rage dans les yeux et il passait avec désespoir ses mains crispées dans sa chevelure épaisse et grisonnante.

Cependant un homme entra.

Au bruit de la porte, François Cornebut se retourna en grondant comme un dogue.

Mais il s'apaisa soudain ; il eut même dans son œil

sinistre et fauve comme un éclair de joie fugitive.

— Ah! c'est toi, dit-il.

L'homme, ou plutôt le jeune homme, assez hardi pour affronter la colère du maître, était un page.

Ce page se nommait Chilpéric.

Il avait seize ans, l'œil effronté, la mine gouailleuse, et il plaisait fort à messire François Cornebut, qui en avait fait son messager d'amour.

Chilpéric était un enfant de Paris, aimable et corrompu, qui ne croyait ni à Dieu ni à Satan, ni à l'amitié ni à l'amour.

Se riant de tout, levant tous les scrupules, il était le seul être qui, après la Périne, eût eu le privilége de toucher le cœur de François Cornebut et de lui parler librement.

A toute heure de jour et de nuit, Chilpéric entrait chez le prévôt.

Jamais celui-ci ne le rudoyait.

Depuis quinze jours que messire François Cornebut n'avait vu la Périne, Chilpéric était le seul homme qui eût eu le don de lui arracher un sourire.

— Hé quoi! dit le page en entrant, vous pleurez, monseigneur?

Cornebut essuya la larme qui coulait sur sa joue, eut un geste de rage et répondit :

— J'aime toujours cette ribaude.

— Eh bien ! dit Chilpéric, il y faut retourner.

— A quoi bon ? elle me chassera, comme je l'ai chassée quand elle est venue me demander la grâce de son cher capitaine? dit Cornebut avec amertume.

— Bah! dit Chilpéric, Fleur-d'Amour est mort.

— Qu'importe! si elle le pleure...

— Vous la ferez pendre, si elle vous chasse.

Cornebut hocha la tête :

— Je l'aime! dit-il.

Chilpéric haussa les épaules.

— La ribaude est une fille de sens, monseigneur, dit-il.

— Eh bien?

— Et Votre Seigneurie l'a couverte d'or.

— L'ingrate!

— Fleur-d'Amour est mort, continua le page, et à moins que le diable ne le ressuscite...

— Je voudrais bien, fit Cornebut avec colère, que le diable se mêlât de mes affaires!...

— Vous le feriez pendre, dit Chilpéric qui était un flatteur. Mais n'ayez nul souci, monseigneur, Fleur-d'Amour est bien mort, je l'ai vu de mes yeux accroché à la potence.

— Si jamais la Périne...

— La Périne se consolera. Un amant mort ne tient pas les pieds chauds. Elle, quand elle sera consolée, elle ne sera pas assez sotte, monseigneur, pour renoncer à vos largesses.

Hélas! soupira Cornebut, elle me rendra son corps, mais... son cœur?

Chilpéric partit d'un grand éclat de rire.

— Ah! monseigneur, dit-il, vous êtes naïf!

— Hein! fit Cornebut.

— Qu'importe qu'une femme ne vous aime pas, si elle vous appartient.

Cornebut hochait la tête et soupirait.

— Voyons, monseigneur, poursuivit le page éhonté, rassemblez vos souvenirs.

— De quels souvenirs parles-tu?

— Depuis combien de temps savez-vous que la Périne aimait le capitaine Fleur-d'Amour?

Cornebut eut un geste qui voulait dire :

— Je suis si malheureux depuis ce temps-là, que j'ai perdu la mémoire.

— Alors, reprit le page, je vais vous aider.

Cornebut le regarda.

— Ce fut un soir, il y aura seize jours demain, que la camériste de Périne vous vint dévoiler la trahison de sa maîtresse. Vous reveniez de chez elle et je vous accompagnais. Vous aviez alors le cœur plein d'amour et me disiez ce que vous m'aviez dit la veille et les jours précédents :

« Ah! mon ami, je suis le plus heureux des hommes.

— Et je le croyais, soupira Cornebut.

— Donc vous l'étiez, monseigneur.

— Oh!

— Les gens heureux véritablement sont ceux qui croient l'être, poursuivit Chilpéric. Cependant la Périne ne vous aimait pas, à telles enseignes qu'elle vous trompait depuis plus d'un an. Eh bien! ne faisait-elle pas son métier de ribaude en conscience, et ne vous rendait-elle pas heureux?

— C'est vrai, soupira encore François Cornebut.

— Par conséquent, continua Chilpéric, si j'étais Votre Seigneurie, je ne me mettrais plus l'âme à l'envers.

— Et que ferais-tu encore?

— Je m'en irais chez la Périne, aujourd'hui même.

— Et puis? demanda le prévôt frissonnant.

— Et je lui dirais : Ribaude, je te veux bien pardonner ta trahison et te combler de mes largesses comme par le passé; mais c'est à la condition que jamais un autre homme que moi n'approchera désormais ses lèvres de tes lèvres. Comprenez-vous, monseigneur?

— Oui, dit Cornebut, j'entends bien ; mais...

— Mais quoi ?

— Tu ne connais pas la Périne.

— Ah bah !

— Elle est femme à me répondre : Vous me faites horreur, vous qui êtes couvert du sang de l'homme que j'aimais. Reprenez ce que vous m'avez donné, gardez vos largesses et laissez-moi m'en retourner dans le clapier d'où vous m'avez tirée.

— Oh! oh! murmura Chilpéric pensif.

— Et si elle me dit cela, continua François Cornebut, que veux-tu que je fasse?

— Une chose bien simple, dit froidement Chilpéric.

Le prévôt tressaillit.

— Quoi donc? fit-il.

— Vous prendrez votre dague à votre flanc, monseigneur.

— Et puis? fit Cornebut tout tremblant.

— Et puis, vous la tuerez...

Le prévôt pâlit.

— Jamais, dit-il, je l'aime...

— Je le sais, mais elle se consolera de Fleur-d'Amour.

— Tu crois?

— Et elle aimera un autre homme.

Un éclair de fureur jaillit des yeux de François Cornebut.

— Jamais, dit-il, je le tuerais, cet homme!

— Il vaut mieux la tuer, elle, dit froidement Chilpéric. Les morts n'aiment personne.

— Tu as peut-être raison, mon fils, dit le vieux seigneur, dont la main crispée tourmenta le manche ciselé de la dague qui pendait à sa ceinture.

— Dame! fit Chilpéric, je crois comme le Sarrazin, moi!

— Qu'est-ce que cela?

— C'est une histoire du siècle dernier, monseigneur, et qui s'est passée sous les murs de Constantinople que les Turcomans de Mahomet II assiégèrent.

— Conte-la-moi, dit François Cornebut qui se voulait distraire à tout prix du mal d'amour qui l'étreignait.

— La voici, reprit Chilpéric : Un Sarrazin avait une cavale incomparable.

Elle était noire comme l'ébène, rapide comme le vent, et, quand elle traversait au vol le désert, ses naseaux lançaient des tourbillons de fumée et ses yeux des flammes.

Elle avait sauvé son cavalier de maint péril, et le Sarrazin avait refusé les offres magnifiques du sultan qui la lui voulait acheter.

Mais les bêtes valent mieux que les hommes, qui sont ingrats et oublieux.

Quand Constantinople fut pris et livré au pillage, le Sarrazin, qui avait été bon croyant jusque-là et n'avait jamais transgressé la loi du Prophète, entra dans une maison où il y avait du vin et il en but.

Il eut bientôt perdu la raison, et quand il fut ivre, il maltraita la cavale.

La cavale lui en garda rancune.

Quand revenu de son ivresse il voulut, comme à l'ordinaire, s'élancer sur son dos, elle lui lança une ruade. Il parvint néanmoins à la monter, mais elle le désarçonna.

Il recommença vingt fois l'expérience, et vingt fois elle lui fit vider les étriers.

— Puisqu'il en est ainsi, dit-il, personne ne te montera plus.

Et il prit son cimeterre et le lui plongea dans le flanc.

— Et il eut raison, dit François Cornebut qui commençait à se convertir aux idées émises par le page Chilpéric.

— Mais, poursuivit celui-ci, je crois, monseigneur, que point ne vous sera besoin d'imiter le Sarrazin.

— Que veux-tu dire ?

— Et de tuer la Périne.

— Et il m'est avis que si vous y alliez... elle vous recevrait à merveille.

— Eh bien ! fit Cornebut avec effort, j'irai demain.

— Pourquoi pas aujourd'hui ?

Cornebut frissonna de nouveau :

— J'ai peur qu'elle ne me chasse, balbutia-t-il.

— Bah ! qui sait ? Et puis, je vous accompagnerai, monseigneur.

Et comme le page parlait ainsi, François Cornebut entendit du bruit dans la salle voisine et des voix parvinrent jusqu'à lui.

— J'apporte un message pour Sa Seigneurie, disait l'une.

— Monseigneur le prévôt ne veut voir personne.

— Oh ! reprit la voix, s'il savait de quelle part je viens, il me ferait bon accueil.

Cornebut sentit tout son sang affluer à son cœur, et il se leva brusquement.

Puis, ouvrant la porte :

— Holà ! dit-il, qu'est-ce donc ?

Mais, en même temps, il jeta un cri en reconnaissant le messager.

Ce messager était un petit More, et ce More qu'on appelait Pedro était un des varlets de la Périne.

— Qui t'envoie ? demanda Cornebut d'une voix étranglée.

— Ma maîtresse.

Cornebut essaya de se raidir contre l'émotion.

— Que me veut-elle ? dit-il.

Le More tira de son sein un pli cacheté qu'il remit au prévôt.

Les mains de celui-ci tremblaient en brisant le scel et le fil de soie.

Mais dès les premières lignes, son front assombri se dérida et un soupir de soulagement souleva sa poitrine.

Puis, joyeux, il tendit le message à Chilpéric.

— Tiens, lui dit-il.

Périne écrivait :

« Monseigneur,

« J'ai été bien coupable, vous m'avez chassée, c'était votre droit?

« Me voulez-vous pardonner, comme je vous pardonne.

« Si vous le voulez, venez, mes bras vous sont ouverts, et je vous rendrai mon cœur.

« Périne. »

— Hum ! murmura Chilpéric, la ribaude est plus fine qu'une mouche.

— Tu ne crois donc pas à son repentir ? demanda François Cornebut en fronçant le sourcil.

— Oh ! si fait, monseigneur.

— Alors, je vais y aller ?

— Mais... sur-le-champ.

C'était purement pour la forme que Cornebut faisait à son page cette dernière question, car il eût traversé toutes les flammes de l'enfer pour s'aller jeter dans les bras de la ribaude.

— Viens avec moi, dit-il encore.
— Volontiers, répliqua le page.

Et Chilpéric prit son manteau.

Cornebut avait déjà le sien sur les épaules et son feutre sur la tête.

Il serra sa ceinture et son épée, et cria :
— Qu'on m'amène mon cheval !
— Hum ! hum ! se disait Chilpéric à part lui, la Périne n'aura pas pleuré longtemps le beau capitaine, et si je ne l'avais vu de mes deux yeux pendre au gibet ce matin, je croirais volontiers qu'il n'est pas mort.

La Périne a donc un bien grand besoin de revoir messire François Cornebut ?

Qu'est-ce que cela veut dire ?

Et Chilpéric tout pensif suivit son seigneur et maître, le terrible prévôt des archers, qui sauta en selle comme un cavalier de vingt ans, et mit son cheval au galop pour arriver plus vite, tant il avait hâte de voir la belle ribaude...

VI

C'était un rustre, messire François de Cornebut, mais un rustre que l'amour avait façonné et dégourdi. Quand il se fut épris de la Périne, il regarda le Louvre, et se dit :

— Je veux un palais comme cela pour mon idole.

Malheureusement le Louvre n'était pas à vendre.

Alors que fit Cornebut ? Il acheta trois hectares de terrains couverts de masures, dans ce quartier Saint-Paul où la Périne était née, et il fit raser les masures.

Le roi François Ier, alors régnant, avait appelé à sa cour les plus grands artistes du monde, peintres, sculpteurs, architectes.

Cornebut avait beaucoup d'or. De plus, on le craignait, car il passait pour être le favori de la duchesse d'Étampes, maîtresse du roi, à laquelle, jadis, il avait rendu quelques petits services.

Les architectes s'étaient mis à sa disposition, les sculpteurs aussi, et les peintres pareillement.

Un jeune homme, un Italien amené par Benvenuto et qu'on appelait Paolo Gandolfi, se mit à la tête des travaux.

C'était un homme de génie, un artiste inspiré; il

avait vu la Périne et il la trouvait belle entre toutes les femmes.

De l'admiration à l'amour, la distance est courte; Paolo devint éperdument amoureux de la Périne, et cet amour lui fit faire des prodiges.

En moins d'un an, le palais fut bâti, et Paolo y entassa des merveilles de bronze, de marbre et d'or.

On dit même que le roi, entendant parler de sa magnificence, eut fantaisie de les aller voir, et Cornebut l'y conduisit.

— Mais c'est un petit Louvre! s'écria le roi François, qui eut en ce moment un mouvement de jalousie.

Comme on le pense bien, Cornebut avait montré le palais, mais il avait caché la Périne.

Celle-ci, du reste, avait tous les instincts de la Parisienne qui, de si humble condition qu'elle soit, a toujours un peu l'étoffe de la grande dame.

La lavandière, la ribaude avait le sentiment du beau et du grand, et peut-être bien que Paolo, le bel architecte, ne fut pas étranger à cette éducation.

Mais le jaloux François Cornebut veillait sur son trésor, et quand le palais fut achevé, Paolo disparut.

Où était-il allé? qu'était-il devenu?

Nul ne le sut jamais, et mille versions coururent sur cette disparition subite.

Selon les uns, amoureux fou de la Périne, il était retourné en Italie pour y chercher la guérison de son mal d'amour.

Selon d'autres, un soir, il s'était endormi dans un cabaret au bord de l'eau, et on l'avait jeté dans la Seine, où il s'était noyé.

Selon d'autres encore, un archer l'avait poignardé au coin d'une rue sombre.

Peut-être la Périne l'avait-elle aimé?

Mais elle ne le pleura pas longtemps, car le beau capitaine Fleur-d'Amour vint un jour prendre possession de son cœur tout entier.

Donc, le palais de la Périne était une merveille dans laquelle François Cornebut avait enfoui peu à peu ses seigneuries, ses terres et ses moulins. Il s'y trouvait de vastes jardins peuplés de blanches statues, et des galeries pleines de tableaux, et des tapis de Smyrne, et des glaces de Venise, et des bahuts sculptés dans le poirier et l'ébène, et des surtouts couverts d'orfévreries précieuses, et les plus beaux bronzes florentins.

Une armée de varlets, de pages et de camérières allait et venait par cette demeure ; des musiciens faisaient entendre le soir dans les jardins de suaves mélodies ; des zingari dansaient demi-nus au son de leurs instruments bizarres, et les jours de fête tout le quartier Saint-Paul se disait :

— La Périne, la belle ribaude, est en train de charmer son vieil amant.

Puis le deuil était venu en cette demeure de la volupté.

Un soir, les zingari étaient partis, les girandoles s'étaient éteintes, les varlets et les pages avaient pris la fuite, et la Périne affolée s'était couverte de vêtements de deuil.

Le capitaine Fleur-d'Amour allait payer de sa vie le bonheur qu'elle lui avait donné.

Pendant quinze jours, le palais était demeuré plongé dans le silence et les ténèbres, et les messagers que François Cornebut avait envoyés savoir ce que devenait la Périne étaient revenus lui faire ce triste récit.

Quel ne fut donc pas l'étonnement du vieux seigneur, lorsque, en approchant, il vit le palais illuminé comme au temps jadis !

Il arrêta son cheval tout ruisselant dans la cour d'honneur, et il fut soudain entouré par les varlets et les pages en habit de gala.

Ayant mis pied à terre, il marcha vers le perron aux degrés de marbre, et une musique enchanteresse se fit entendre.

— Voilà une singulière façon de pleurer Fleur-d'Amour, pensa le page Chilpéric qui suivait son maître et était non moins satisfait que lui.

Le vestibule était plein d'arbustes rares, l'escalier jonché de fleurs.

François Cornebut, un peu étourdi, se laissa conduire jusque dans une salle où le souper était servi.

Des parfums pénétrants lui montaient à la tête, et les torchères pleines de bougies projetaient autour de lui une enivrante clarté.

La Périne couverte de ses diamants, vêtue de velours et de soie, belle et souriante comme elle ne l'avait jamais été peut-être, était à demi couchée sur une ottomane lorsque le prévôt entra.

D'un bond elle fut auprès de lui, jeta ses bras nus à son cou, mit ses lèvres provocantes sur son visage jaune et sec comme un parchemin, et lui dit de sa voix la plus douce et la plus mélodieuse :

— Ah ! mon cher seigneur, j'avais si peur que vous ne vinssiez pas !

Chilpéric murmurait :

— Décidément, nous autres hommes, nous ne sommes que des belîtres auprès de la dernière des ribaudes.

François Cornebut était fou d'amour.

La Périne le prit par la main et le fit asseoir auprès d'elle sur l'ottomane.

Puis elle fit un signe, et ses varlets roulèrent auprès d'eux la table chargée des mets les plus exquis et des vins les plus généreux.

— Elle va peut-être l'empoisonner ! pensa Chilpéric.

— Chilpéric, mon mignon, dit la Périne en le regardant tendrement, vous allez souper avec nous, n'est-ce pas ?

— Certainement, dit Cornebut.

— Comme il vous plaira, murmura le page abasourdi.

La Périne renvoya les varlets, et tous trois demeurèrent seuls en la salle du festin.

— Mon cher seigneur, dit alors la ribaude, je vous haïssais hier, ce matin encore.

— Ah ! dit le prévôt, fronçant le sourcil.

— Ce soir, je vous aime.

Et elle le regarda comme elle savait regarder les hommes pour la perdition de leur âme.

— Vous avez été mon bienfaiteur, mon adoré, poursuivit-elle, et je payais vos largesses de la plus noire ingratitude et de la plus abominable des trahisons.

— Ne parlons plus de cela, dit Cornebut.

— Au contraire, parlons-en ! reprit-elle. Je veux que vous sachiez tout.

Corneb ut tressaillit et la regarda avec inquiétude. Puis, comme il allait porter à ses lèvres un hanap rempli d'un vin couleur de topaze, le page Chilpéric l'arrêta.

— Hein ? dit le vieux seigneur étonné.

— Monseigneur, dit Chilpéric tout tremblant, prenez garde !

La Périne partit d'un éclat de rire si franc et si railleur que Chilpéric ne put s'empêcher de rougir.

En même temps la ribaude prit le hanap des mains du vieux seigneur et le vida d'un trait.

— Tenez, monseigneur, dit-elle, Chilpéric a cru que je voulais vous empoisonner.

— Oh ! dit le prévôt...

— Et pour que pareille peur ne le reprenne plus, monseigneur, continua-t-elle, je goûterai la première de chaque vin et de chaque mets.

— Alors, pensait Chilpéric, je ne comprends plus rien à ce qui se passe.

La Périne poursuivit :

— Pour que vous compreniez mon repentir, ô cher seigneur, mon bien-aimé, il faut que vous sachiez mon désespoir. Depuis quinze jours, j'ai pleuré toutes les larmes de mon corps.

— Je sais cela, dit Cornebut.

— Je me suis traînée aux pieds de tous les gentilshommes de la cour de France.

— Je sais cela pareillement.

— Oui, mais ce que vous ne savez pas, c'est que j'ai offert mon corps au bourreau, s'il voulait sauver Fleur-d'Amour.

— Et... qu'a fait le bourreau ? demanda Cornebut, dont l'œil étincela de colère.

— Le bourreau m'a repoussée.

— Ah !

— Ce que vous ne savez pas non plus, dit encore la Périne, c'est que je me suis vendue à Satan.

Cette fois Cornebut se prit à rire.

— Vous riez, monseigneur ?

— Oui, certes !

— Vous ne croyez donc pas à Satan ?

— Pas plus qu'à Dieu.

Et Cornebut se mit à rire de plus belle.

Mais alors, il se passa une chose étrange.

On entendit retentir sous les frises du plafond de la

salle un autre rire qui semblait être l'écho de celui du vieux seigneur.

— Qu'est-ce que cela? fit Cornebut qui fronça le sourcil et porta la main à la coquille de sa rapière.

La Périne avait pâli.

— C'est Satan qui rit de votre incrédulité, dit-elle tout émue.

— Eh bien! dit Cornebut, à sa santé, puisqu'il est ici! Messire le diable, je vous salue!

Et le prévôt vida son verre.

Chilpéric ne croyait pas au diable peut-être, mais il semblait se poser une question qu'on aurait pu formuler ainsi :

— De qui se moque-t-on ici, du prévôt ou de moi, ou de tous les deux en même temps?

La Périne poursuivit avec gravité :

— Monseigneur, je me suis donnée à Satan la nuit dernière.

— Tu lui as vendu ton âme?

Elle eut un triste sourire :

— Oh! dit-elle, il y a longtemps que mon âme lui appartient.

— Alors?

— Alors, je lui ai livré mon corps.

— Bah! dit Cornebut, le diable n'étant pas un homme, je ne suis pas jaloux de lui. Continue, ma mignonne.

— Je suis allée au sabbat.

— Sur un manche à balai? ricana le page.

— Oui, dit la Périne, et Satan m'a aimée.

— Et que t'a-t-il donné pour cela? demanda François Cornebut, toujours incrédule.

— Il m'a accordé la vie du capitaine Fleur-d'Amour.

Le prévôt fit un brusque mouvement sur son siége, et Chilpéric se mit à rire.

— En ce cas, dit-il, rassurez-vous, monseigneur, car Satan n'a point tenu sa promesse.

— Tu crois? dit la ribaude.

— Sans doute, car je l'ai vu pendre ce matin.

— C'est vrai, dit la Périne.

— Et quand on l'a décroché, il était mort, bien mort, tout ce qu'il y a de plus mort.

— Cela est encore vrai, dit la Périne.

— Donc, Satan vous a trompé.

— Non, dit la Périne, car il a ressuscité Fleur-d'Amour.

Cette fois, et tandis que le prévôt jetait un cri de colère, Chilpéric regarda la ribaude et parut se demander si la douleur ne lui avait pas troublé le cerveau et si elle n'était pas folle.

Mais elle reprit sans s'émouvoir :

— Satan a ressuscité Fleur-d'Amour, je vous le jure. J'ai vu son corps inerte revenir à la vie, j'ai mis la main sur son cœur et son cœur a battu ; ses yeux fermés se sont rouverts et ses lèvres ont parlé.

— Tu mens! s'écria Cornebut qui se leva l'œil en feu.

— Je ne mens pas, monseigneur, et je vous aimerai

toute ma vie, si vous voulez faire ce que je vous demande.

— Et que me demandes-tu donc, ribaude ?

— Écoutez-moi, monseigneur... Je me suis traînée aux pieds de quiconque était puissant, j'ai supplié le bourreau, j'ai vendu mon corps à l'enfer, tout cela pour racheter la vie de Fleur-d'Amour, et quand Fleur-d'Amour s'est retrouvé debout devant moi, plein de jeunesse, de vie et de santé, je me suis senti pour lui une haine mortelle, car Fleur-d'Amour ne m'aimait plus, et une autre femme se jetait à son cou et l'étreignait avec délire.

— Mais c'est un conte à dormir debout que tu nous fais là ! s'écria Cornebut, que les dernières paroles de la Périne avaient un peu apaisé.

— C'est la vérité, monseigneur.

— Comment, Fleur-d'Amour n'est point mort ?

— Il est ressuscité, monseigneur.

— Il vit, il pense, il marche ?

— Oui.

— Et il aime une autre femme ?

— Oui.

— Tout cela est impossible !

— Si vous ne me croyez pas, monseigneur, envoyez Chilpéric s'informer.

— Où cela ? demanda le page.

— A la taverne de l'*Ecu rogné* où s'est accomplie la résurrection.

— Bon ! j'y vais, dit Chilpéric.

Et le page se leva et reprit son manteau.

— Oui, mon mignon, continua la Périne, on te dira ce qui est advenu, et si tu n'en veux rien croire, tu demanderas le logis de Géromée.

— Qu'est-ce que Géromée ? fit le prévôt.

— C'est la femme qu'aime Fleur-d'Amour. Tu n'as qu'à aller chez elle, tu y trouveras le misérable se riant de moi et soupirant des propos d'amour aux pieds de cette ribaude.

— Et que ferai-je alors ?

— Tu t'en iras chercher deux archers, dit le prévôt.

— Bon !

— Et tu arrêteras le drôle, que tu conduiras au Châtelet.

— Ah ! mon cher seigneur, murmura la Périne dont l'œil flamboya, si tu fais cela, je t'aimerai toute la vie.

— Puis, continua Cornebut, tu iras trouver Caboche.

— Fort bien, monseigneur.

— Et tu lui diras qu'il se trouve prêt à brancher de nouveau Fleur-d'Amour, et que si cette fois il fait mal son nœud, c'est lui qui sera pendu.

Une joie infernale éclatait sur le visage de la Périne.

— Maintenant je comprends tout, murmura le page Chilpéric.

Et il s'en alla exécuter les ordres de son maître farouche.

Alors la Périne se vint asseoir sur les genoux de

Cornebut. Elle lui passa ses beaux bras autour du cou, lui mit un baiser sur la bouche et murmura :

— Oh ! je t'aime à présent, je t'aime !...

— Tu n'aimes donc pas Satan ? dit Cornebut avec un gros rire.

La Périne frissonna subitement.

— Ma mignonne, reprit Cornebut, je ne sais pas si Fleur-d'Amour est vivant ou mort, mais je puis t'affirmer que s'il avait été bien pendu, Satan ne l'aurait pas ressuscité.

Et comme le vieux seigneur disait cela, le rire moqueur qui s'était fait entendre déjà retentit de nouveau dans les frises du plafond, et la Périne jeta un cri d'effroi, tandis que Cornebut lui-même se levait la sueur au front.

VII

L'effroi de la Périne était tel que la pensée ne vint pas à Cornebut, qu'elle pouvait s'être prêtée vis-à-vis de lui à une mystification.

Le rire satanique retentissait toujours sous les frises du plafond, et Cornebut, la main sur son épée, semblait se demander s'il avait affaire à un homme ou à un esprit véritablement infernal.

Une violente colère s'empara alors du prévôt.

— Qui que tu sois, toi qui oses rire en ma présence, s'écria-t-il, écoute-moi ! Si tu es un homme, j'aurai ta vie.

Le rire devint plus moqueur.

— Si tu es Satan, à qui je ne crois pas...

Le rire devint gigantesque.

— Je te brave ! ajouta Cornebut.

Alors la cire s'éteignit.

Mais une voix qui semblait sortir des profondeurs du sol s'éleva vibrante et railleuse :

— François Cornebut, disait cette voix, si tu me voyais, croirais-tu à mon existence ?

— Viens, dit le prévôt, montre-toi donc si tu l'oses !

Et il tourmentait avec fureur la garde de son épée.

— Attends, alors, dit la voix souterraine.

Un grand feu flambait dans l'âtre de la salle.

Tout à coup une fumée noire d'abord, puis d'un jaune sombre, s'éleva sous la haute cheminée sculptée, et les tisons enflammés disparurent un à un dans cet épais tourbillon.

En même temps, un parfum âcre et pénétrant saisit le baron aux narines, et il éprouva comme un sourd bourdonnement dans les oreilles.

Le nuage de fumée grandissait, enveloppait la cheminée et se répandait dans la salle.

Cornebut violentait toujours la garde de son épée, mais une vague épouvante s'était emparée de lui.

La fumée noire d'abord, jaune ensuite, passait maintenant par des teintes rouges ou bleues ; on eût dit un nuage coloré par le crépuscule. Puis les tons éclatants pâlirent et le nuage qui avait empli la salle et dérobait maintenant au prévôt la vue de la Périne à genoux et tremblante, devint blanc, s'éclaircit peu à peu, acquit bientôt la transparence d'une brume du matin, et François Cornebut, en proie à un étrange malaise et à une sorte de paralysie, aperçut enfin au travers une forme humaine.

Alors le même rire moqueur, la même voix qu'il avait déjà entendus, retentirent de nouveau aux oreilles du prévôt.

— Tu as voulu me voir, François Cornebut, disait la voix, sois satisfait !

Le feu apparaissait à travers le nuage qui avait acquis une transparence extrême, et l'effroi de François Cornebut redoubla quand il vit celui qui lui parlait, debout au milieu de flammes.

— Satan ! murmura la Périne d'une voix mourante.

Et Satan, car c'était bien le personnage vêtu de rouge et le visage couvert d'un masque noir qui l'avait brûlée de ses baisers la nuit précédente, Satan poussa du pied les énormes bûches amoncelées dans le foyer, ce qui fit que le brasier arriva jusqu'au milieu de la salle et que lui demeura au milieu.

François Cornebut ne pouvait plus en douter.

Un homme eût été brûlé vif. Seul, l'esprit infernal pouvait ainsi jouer avec le feu.

Cependant l'effroi du prévôt ne fut pas de longue durée et fit place à la colère :

— Eh bien! dit-il, si tu es Satan, je le saurai !

Et il se rua l'épée haute sur le personnage vêtu de rouge.

Mais son épée, qui visait la poitrine, fila dans le vide, et il jeta un cri de douleur.

Il s'était brûlé.

Satan riait.

— François Cornebut, dit-il, mets donc ton épée au fourreau. Je suis un esprit et non un corps. Tu ne croyais pas à moi, maintenant y crois-tu ?

— Oui, balbutia Cornebut.

En même temps, le prévôt qui se sentait la tête alourdie par ces parfums étranges que le nuage de fumée avait répandus dans la salle, le prévôt se laissa choir sur un siége en disant :

— Je crois que j'étouffe !

— C'est la fumée qui t'incommode, dit Satan.

Et il se mit à souffler.

O prodige! le nuage qui n'était plus qu'une gaze légère, s'évanouit comme la brume matinale des prairies au premier rayon du soleil.

Cornebut, d'une main alourdie, épongeait la sueur qui coulait de son front.

— Tu as trop chaud encore, fit Satan. Attends, je vais éteindre le feu.

Et alors il prit avec ses mains les tisons enflammés

et les lança l'un après l'autre dans le fond de la cheminée où ils s'éteignirent sur-le-champ.

Et il riait toujours, et il disait :

— Douteras-tu encore ?

— Non, balbutia Cornebut.

Puis le prévôt pris d'un accès de dévotion, voulut porter la main à son front et faire le signe de la croix.

Satan se mit à rire.

Le bras levé retomba.

— Calme-toi donc, François Cornebut, reprit Satan, et soyons bons amis, je ne veux pas t'acheter ton âme. Sauve-la si tu peux, je n'en ai nul souci. J'ai des âmes à revendre là-bas ; mais j'aime ta maîtresse et je la veux partager avec toi.

Cornebut fit un geste de dédain.

— Pourquoi serais-tu jaloux, puisque je ne suis pas un homme ? reprit le démon.

La Périne frissonnait et regardait tour à tour ce hideux vieillard qu'on appelait François Cornebut, et celui qu'elle prenait pour l'ange déchu et dont la voix pénétrait au fond de son âme et la bouleversait.

Satan poursuivit.

— Que t'importe, dès lors, que j'aime la Périne ? tu es vieux, François Cornebut, et si elle ne te trompe pas avec moi, elle te trompera sûrement avec un homme quelconque, un page, un archer ou un soudard. Tu le feras pendre, soit ! mais qui a bu boira, et le cœur d'une ribaude aura toujours soif d'amour, après celui-là un autre...

La colère du prévôt avait fait place à une sorte de prostration.

Était-ce les parfums mystérieux qui continuaient de troubler son cerveau, ou bien la fascination qu'exerçait le fils de l'enfer le rendait-elle ainsi inerte et sans énergie ?

Nul n'aurait pu le dire.

Mais il essaya de se lever et ne le put; il voulut parler et sa voix expira sur ses lèvres.

Une fois encore il tenta de porter la main à son front et de se signer, mais la main retomba.

— Écoute, dit encore Satan, je suis vraiment bien bon de te proposer un partage, quand il me serait si facile de prendre la Périne pour moi tout seul. Si je le fais c'est que je veux être ton ami et te rendre quelques petits services à l'occasion.

Le prévôt attachait sur le personnage vêtu de rouge un œil atone et sans rayons.

— Tu es tout-puissant à cette heure en la bonne ville de Paris, continua Satan, et ta puissance tient à une chose, c'est que tu es le favori de madame la duchesse d'Étampes; mais que le roi vienne à mourir...

François Cornebut frissonna.

— Et moi qui lis dans l'avenir, poursuivit Satan, je puis t'affirmer que le roi n'a plus que quelques années de vie...

— Ah ! balbutia Cornebut saisi d'épouvante.

— Le roi mort, la duchesse rentre dans l'ombre et tu perds ta faveur ; et comme tu t'es fait beaucoup d'ennemis, comme tu as été dur avec le peuple, insolent avec les gentilshommes, mal avec ceux qui dépendent de toi, tu seras en butte à des représailles terribles si je ne te prends pas sous ma protection.

Cornebut frissonnait toujours.

— Tu penses bien, reprit Satan de sa voix moqueuse, que si tu étais un brave et loyal chevalier, craignant Dieu et faisant le bien, je ne t'aurais pas ainsi en amitié. Mais un mécréant tel que toi aura toujours droit à mes égards. Donc je t'aime, et je le veux prouver.

— Ah ! fit encore François Cornebut.

— Si je le veux, le roi mort, la duchesse d'Étampes disgraciée par le nouveau souverain, tu resteras en faveur, toi, et tu seras toujours prévôt.

Cornebut triompha un moment de l'étrange ivresse qui l'étreignait.

— Et que faut-il donc que je fasse pour cela ? dit-il.

— Tu m'obéiras.

Cornebut inclina la tête.

— Je suis bon diable aujourd'hui, poursuivit Satan, et je veux te le prouver. Quand je prends un homme sous ma protection, je lui demande son âme en échange. Mais puisque je te prends ta maîtresse, je te laisse ton âme. Tu la sauveras si tu peux.

Cornebut tourna la tête avec effort et regarda sa maîtresse.

La Périne contemplait Satan avec une sorte d'extase et semblait s'enivrer du son de sa voix.

Certes ! en ce moment, le souvenir du beau capitaine Fleur-d'Amour était bien loin de sa pensée et de son cœur.

Et Cornebut poussa un soupir, et aucun son ne se fit jour à travers sa gorge aride, aucune parole ne sortit de ses lèvres crispées.

Puis Satan lui dit encore :

— Tu penses bien que je ne me montre pas aux hommes à toute heure, et il est probable que tu ne me verras pas de si tôt. Peut-être même ne me reverras-tu jamais. Pourtant je te transmettrai mes ordres, et c'est la Périne qui te les donnera. Ce qu'elle te dira de faire, tu le feras.

Cornebut essaya une dernière fois de se lever et de parler, mais ses forces le trahirent.

Un gémissement étouffé parvint seul à s'échapper de sa poitrine.

Et comme si l'ivresse mystérieuse, que lui avaient procurée les parfums répandus dans la salle et contre laquelle il avait lutté et s'était débattu si longtemps, l'eût enfin terrassée, il s'affaissa sur son siége, la tête rejetée en arrière, et ses yeux se fermèrent.

— Il dort, dit alors Satan en riant, à nous deux.

Et le personnage vêtu de rouge s'avança vers la Périne qui frissonnait non plus d'épouvante, mais d'une mystérieuse volupté.

Et son masque tomba, et il lui apparut aussi beau que la nuit précédente, et elle se prosterna devant lui en murmurant :

— Parlez maître, ordonnez... je suis votre esclave.

Il lui mit un baiser au front, et elle palpita sous ce baiser, comme la colombe sous la serre de l'épervier.

Il s'assit auprès d'elle, prit ses mains dans les siennes et répéta :

— Je t'aime !

La Périne eut un geste d'épouvante. Elle signala Cornebut endormi et murmura :

— S'il allait s'éveiller !

— Ne crains rien, dit Satan en riant. Il ne s'éveillera que lorsque je le voudrai.

Et il mit un nouveau baiser sur le col de cygne de la ribaude, disant :

— Et toi, m'aimes-tu ?

— Moi, dit-elle palpitante. Ah ! si vous étiez seulement un homme ?

— Je le serai pour toi. D'abord, comment veux-tu que je me nomme ? J'ai pris un nom autrefois, à une époque où j'étais comme aujourd'hui amoureux d'une femme et où je passais plusieurs années sur la terre, vivant comme les autres hommes. Je m'appelais alors Michaël. Que penses-tu de ce nom ?

— Je vous appellerai Michaël, balbutia la Périne.

— Et tu m'aimeras?

— Oh! oui.

Et elle eut un geste de dégoût et d'horreur en montrant Cornebut endormi.

— Tu l'as pourtant rappelé?

— Parce que je voulais me venger!...

— Ah! c'est juste, dit Satan-Michaël en riant, tu regrettes à présent que Fleur-d'Amour ne soit pas mort; mais puisque tu m'aimes...

La Périne l'enlaça de ses bras, et dit :

— Je haïssais Fleur-d'Amour il y a une heure encore.

— Et... maintenant?

— Maintenant, je ne le hais plus.

— Parce que tu m'aimes, dit Satan avec une pointe de fatuité.

Elle se suspendit à son cou et répéta :

— Oh! oui, qui que tu sois, homme ou démon, je t'aime.

— Alors tu ne me refuseras pas une grâce?

— Laquelle?

— Celle de Fleur-d'Amour.

— Tu veux qu'il vive?

— Oui, dit Satan-Michaël.

— Il vivra, dit la Périne.

Alors Satan la prit dans ses bras et la couvrit de baisers, et, frémissante, et se sentant mourir, elle poussa un cri et ferma les yeux à son tour.

Les parfums dégagés par le nuage de fumée agissaient

maintenant sur elle comme ils avaient agi sur le prévôt François Cornebut.

Et la Périne, ivre de voluptés, de parfums, de vin et d'amour, s'endormit dans les bras de celui qu'elle croyait être Satan, le roi des enfers.

. . . .

Enfin Michaël, appelons-le par son nouveau nom, le vrai peut-être, Michaël frappa sur un timbre d'or avec une baguette d'ébène.

Au bruit la porte s'ouvrit et la sorcière qui avait mené la Périne au sabbat apparut.

— Me voilà, maître, dit-elle.

— As-tu porté mon message? demanda Michaël.

— Oui, maître.

— Et quelle réponse as-tu?

— Elle viendra!...

Un rayon de joie parut sur le front de Satan-Michaël, et un éclair jaillit de ses yeux.

— J'en étais sûr, murmura-t-il, et pourtant je n'osais y croire.

En parlant ainsi, il courut à la fenêtre et promena un regard ardent sur le fleuve tout resplendissant des rayons de la lune.

— C'est par là, en effet, qu'elle viendra, dit la sorcière.

Une ombre s'étendait au loin sur la Seine, l'ombre gigantesque des tours de Notre-Dame.

Tout à coup Michaël tressaillit.

Un point noir qui se dégageait de cette ombre apparut en pleine lumière.

C'était une barque.

— C'est elle sans doute, dit Michaël.

Et penché à la fenêtre, frémissant, il attendit.

La barque voguait maintenant au milieu du fleuve laissant l'île Saint-Louis sur la droite et se dirigeant à force de rames dans la direction du palais de la Périne.

Alors le personnage vêtu de rouge prit la ribaude endormie à bras le corps et la porta sur un lit de repos où il la coucha.

Puis, pensant au prévôt qui ronflait et avait glissé de son siége sur le sol, il le poussa sous la table.

Après quoi, il alla ouvrir les fenêtres.

Le vent frais de la nuit et les rayons de la lune entrèrent alors dans la salle où régnait une atmosphère lourde et chaude.

— Va la recevoir, c'est elle, dit Michaël.

La sorcière sortit de la salle.

La barque remontait le courant avec rapidité.

Enfin elle vint aborder sous les murs du palais, elle était montée par deux rameurs.

Au milieu se trouvait debout une femme vêtue de noir et le visage couvert d'un masque.

Et cette femme mit, seule, pied à terre et s'avança résolûment, à la grande joie de Michaël, vers une petite porte que la sorcière était venue lui ouvrir.

VIII

Maintenant, si l'on veut savoir quelle était cette femme masquée qui remontait la Seine en pleine nuit et venait aborder sous les fenêtres du palais de la Périne, il faut faire un pas en arrière, abandonner la vie nocturne, merveilleuse et inexplicable et entrer dans le domaine de la réalité historique.

Trois jours avant l'exécution du capitaine Fleur-d'Amour et les scènes étranges que nous racontions naguère, Paris s'éveilla de plus belle humeur que de coutume.

Car Paris n'était pas en belle humeur depuis longtemps. D'abord les guerres des premières années avaient appauvri le trésor royal, ruiné les seigneurs et amené une misère générale.

Ensuite, le roi avait pris Paris en horreur.

Il vivait à Rambouillet, plus enamouré que jamais de madame la duchesse d'Étampes, et ne quittait par hasard cette résidence que pour aller courre un cerf dans la forêt de Chambord. Le Dauphin avait également abandonné Paris. Retenu dans les chaînes dorées de Diane de Poitiers, sa vieille maîtresse, il ne bougeait point du château d'Anet, la fastueuse demeure de cette favorite sur le retour, et sa jeune femme, la princesse Catherine, épouse délaissée et qui n'avait même pas la joie d'être mère, vivait seule au Louvre, où ne retentissaient plus les bruits joyeux des fêtes d'autrefois.

Paris était morne et triste, abandonné à la merci d'un soudard qui le gouvernait durement et qui en était devenu le despote, — messire François Cornebut.

Le peuple n'avait plus de jours de réjouissance; les échevins ne donnaient plus de bals; les carrousels et les tournois étaient finis.

Paris mourait de faim et Paris s'ennuyait.

Et cependant, un matin, Paris s'éveilla bruyant, animé, plein d'espoir.

Le peuple chanta dans les tavernes, les ribaudes mirent leurs ceintures dorées, les bourgeois endossèrent leurs hoquetons des dimanches, et le soleil, qui depuis plus d'un mois était enseveli dans le brouillard, se montra radieux dans un ciel sans nuages.

C'est qu'une bonne nouvelle s'était répandue de la porte Saint-Honoré à la porte Saint-Antoine avec la rapidité de l'éclair.

Paris allait revoir une femme qu'il n'avait pas vue depuis tantôt quinze ans, une femme qui avait été belle et noble et spirituelle et bonne entre toutes les femmes, — une princesse qui avait eu pour elle la grâce et l'aménité, que les poëtes avaient chantée, et qui, poëte elle-même, avait écrit des livres merveilleux, des contes à ravir le monde entier.

La Marguerite des Marguerites, comme disait Brantôme, la belle, la bonne reine de Navarre, la noble sœur du vaincu de Pavie, Marguerite de France, revenait à Paris.

Et elle y entra, en effet, vers deux heures de relevée, en litière, sans grande escorte, une douzaine de gentilshommes tout au plus et quelques dames d'atour.

Mais le peuple enivré s'était porté à sa rencontre ; il avait dételé les mules de sa litière, et la bonne princesse était rentrée dans Paris portée en triomphe sur les épaules des Parisiens.

Et les bourgeois disaient en la voyant :

— Elle est toujours jeune, elle est toujours belle !

Et le peuple criait :

— Noël! Noël ! nos maux sont finis, puisque la Marguerite des Marguerites nous revient.

Et bien qu'elle eût dépassé l'âge redoutable de la quarantaine, elle donnait raison au bourgeois, la noble princesse, car elle était jeune et belle comme le jour où elle s'en alla épouser le roi de Navarre Henri d'Albret, son second époux.

Et ce fut ainsi jusqu'au Louvre, dont les portes s'ouvrirent toutes grandes devant elle.

La veille, deux gentilshommes et deux dames d'atour de la reine étaient arrivés pour faire préparer ses logis.

Ce qui fit que madame Catherine de Médicis, la jeune Dauphine, vint à la rencontre de la tante de son époux et lui fit un accueil empressé.

La Marguerite des Marguerites l'embrassa tendrement et lui dit :

— Chère belle! comment êtes-vous toute seule ici?

Catherine, la pauvre princesse délaissée, répondit par un gros soupir.

Puis on vit une larme briller dans ses grands yeux d'un bleu sombre.

Et ce fut tout.

— Ne vous désolez pas, ma mie, lui dit la Marguerite des Marguerites, je viens à Paris pour y changer bien des choses et y ramener le bonheur, si j'en crois ces braves gens qui m'ont fait escorte jusqu'ici.

Et la reine de Navarre se mit à une fenêtre du palais et remercia les Parisiens qui se retirèrent en criant de plus belle :

— Noël! Noël!

Alors la Marguerite des Marguerites se retira en ses appartements et y demeura seule avec une de ses femmes, mademoiselle de Galard, qu'on appelait en Navarre la belle Bordelaise, et que la reine avait surnommée la Gironde.

La Gironde avait dix-huit ans, des dents blanches, le rire moqueur, la répartie fine et galante.

Elle était sage, disait-on ; mais elle était coquette comme pas une, et il n'était guère de page, de seigneur ou de gentilhomme qui n'en fût amoureux.

La Gironde riait, caquetait, se laissait voler un baiser et n'allait pas plus loin.

— M'aimera qui m'épousera, avait-elle coutume de dire.

Et pages et gentilshommes en étaient pour leurs frais menus ou grands.

C'était une fille d'esprit, fort instruite du reste, et que la reine avait élevée dans la culture des lettres et des arts.

Quand la Marguerite avait composé un de ses contes, elle le lui lisait, et la Gironde approuvait ou critiquait librement.

Donc, la Gironde était la seule personne qui vécût dans la complète intimité de la reine de Navarre, couchant dans un cabinet voisin de sa chambre, et au mépris de l'étiquette, partageant ses repas.

Moitié fille d'honneur, moitié camérière, elle habillait, déshabillait la reine et lui rendait tous les petits services d'une demoiselle d'atour.

Donc, demeurée seule avec la Gironde, après avoir soupé assez frugalement, madame Marguerite lui dit :

— Je vais te montrer un des plus jolis gentilshommes de la cour de France, ma mignonne.

— Quel est-il, madame ? demanda la Gironde,

— Il se nomme Amaury de Mirepoix.

— Un des beaux noms de France, dit la Gironde.

— Et s'il a tenu ce qu'il promettait, reprit la reine, il doit être le plus galant et le plus spirituel seigneur qu'on puisse imaginer.

— Mais, madame, dit la Gironde en souriant, Votre Majesté en parle comme d'un homme qu'elle n'a pas vu depuis longtemps.

— Je ne l'ai pas vu depuis dix ans, en effet.

— Ah !

— Il avait seize ans alors, et il était page du roi; mais comme il me plaisait fort, le roi me l'avait donné et je l'emmenai même en Espagne, quand j'allai visiter le noble captif.

— Et depuis lors, Votre Majesté ne l'a point revu ?

— Non, mais il m'écrit très-souvent et je lui réponds.

Un sourire glissa sur les lèvres de la Gironde.

— Figure-toi, ma mignonne, poursuivit la reine, que le pauvre enfant était amoureux de moi. Ah ! mais amoureux fou. Il en perdait le sommeil et la raison. Voyant cela, je le renvoyai en France en lui disant : « Mon mignon, tu ne me reverras plus que lorsque je serai une vieille femme. »

— Alors, dit la Gironde avec un fin sourire, Votre Majesté ne le reverra pas de si tôt.

— Flatteuse ! dit la Marguerite des Marguerites, vas-tu pas dire comme les Parisiens, toi aussi, que j'ai toujours quinze ans.

— Pas beaucoup plus, madame.

— J'ai un peu plus de quarante ans, ma mignonne, dit la reine de Navarre, et je suis bien sûre que ce pauvre Amaury s'en apercevra tout de suite, surtout s'il te voit auprès de moi.

— Oh ! madame !...

Et la Gironde, tout en rougissant un peu, apprêta l'arsenal de ses coquetteries.

— Il viendra donc ici ? dit-elle.

— Oui, ma petite.

— Quand ?

— Mais tout à l'heure, je m'étonne même qu'il ne soit point encore arrivé, car je lui ai envoyé un message, ce matin, en partant de Montlhéry.

— Il n'était donc pas à Paris?

— Non, il était à Rambouillet, auprès du roi.

— Toujours page ?

— Folle! on n'est plus page à vingt-six ans, il est dans les gardes.

— Ah! fort bien. Et Votre Majesté croit qu'il est très-beau et très-galant cavalier ?

— J'en suis sûre.

Et la reine prononça ces mots avec un accent où perçait une tendresse presque maternelle.

Et comme elle disait cela, un pas précipité retentit dans les antichambres et on gratta à la porte.

— Le voilà ! dit Marguerite.

En effet, la porte s'ouvrit et un jeune homme, couvert de poussière, vint se jeter à ses genoux et lui baisa tendrement les mains.

— Ah! madame ! ah ! ma reine ! disait-il d'une voix émue, pardonnez-moi ; mais j'étais absent de Rambouillet. Le roi m'avait envoyé à Anet, et quand je suis revenu, votre messager m'attendait depuis plusieurs heures

— Le mal n'est pas grand, mon enfant, dit la reine en le baisant au front, puisque te voilà. Laisse-moi te regarder. Lève-toi !

Et comme il se dressait rougissant devant la Marguerite des Marguerites, elle lui dit :

— Comme te voilà beau et bien tourné, mon fils, et que les belles dames de Rambouillet doivent soupirer en te voyant.

Mais Amaury eut un geste qui voulait dire :

— Que m'importe !

Et il contemplait la reine comme il la contemplait autrefois, tout ému et tout tremblant.

Si tremblant même et si ému qu'il n'avait pas vu tout d'abord mademoiselle Gironde, qui se tenait prête au combat et avait aux lèvres son plus beau sourire de bataille.

Il l'aperçut enfin et rougit de plus belle.

— Mademoiselle de Galard, une de mes filles d'honneur, dit la reine, et une jolie fille, comme tu vois.

Amaury salua.

— Mais, reprit Marguerite, nous avons beaucoup à causer, mes enfants. Sieds-toi, mon mignon, et me raconte sur-le-champ ce qui se passe à la cour de France que je n'ai pas vue depuis dix ans.

— Madame, répondit Amaury, la cour s'ennuie.

— Bon !

— Le roi aussi.

— En vérité !

— Et le peuple pareillement.

— Pauvre royaume et pauvre roi ! soupira Marguerite.

— Par exemple, continua Amaury avec une pointe de railleuse amertume, la reine de la main gauche s'amuse fort.

— Madame d'Étampes ?

— Oui.

La reine de Navarre fronça le sourcil, et ses beaux yeux eurent un éclair de colère.

— Cette femme perd le roi et le royaume, dit-elle ; mais, me voilà, Dieu et mes amis aidant, je sauverai le beau pays de France.

Amaury poursuivit :

— Monseigneur le Dauphin mène également joyeuse vie.

— Toujours amoureux de Diane ?

— Toujours.

— Chose bizarre ! dit la reine, qu'on puisse aimer follement une femme qui serait hardiment votre mère. Et la Dauphine ?

— Votre Majesté a dû la voir ici ?

— Sans doute.

— La auphine ne bouge pas du Louvre. Elle y vit avec quelques Florentins qui lui font une petite cour, et un parfumeur du nom de René qui lui tire les cartes et lui dit la bonne aventure.

La reine tressaillit :

— Ah ! dit-elle, la jeune princesse est superstitieuse ?

— Comme une Italienne qu'elle est.

— Elle croit aux sorciers?

— C'est probable.

— Je voudrais que cela fût certain, dit Marguerite avec un sérieux qui étonna fort Amaury de Mirepoix et mademoiselle Gironde.

— Mes enfants, continua la reine de Navarre, avant de vous dire pourquoi je voudrais que la dauphine fût superstitieuse, laissez-moi vous narrer une histoire vieille de dix ans.

Et la reine de Navarre se renversa sur son fauteuil et prit l'attitude convenable à ceux qui vont faire un long récit.

Amaury et mademoiselle Gironde étaient tout oreilles.

— Mes enfants, dit alors la reine, je vais vous parler d'un époque des plus douloureuses de ma vie, mon séjour en Espagne, auprès de mon malheureux frère, prisonnier de l'empereur Charles.

Le roi était malade, et son mal était sans remède. Les rois ne sont pas faits pour vivre en cage comme des prisonniers, et les fourberies de l'empereur avaient aigri son caractère au point qu'un jour il se jeta dans mes bras et me dit, les yeux pleins de larmes :

— Si je ne revois pas la France d'ici peu, je suis un homme mort.

L'empereur m'avait accordé un sauf-conduit et j'étais arrivée à Madrid avec une petite cour; tu t'en souviens, Amaury?

— Oui, madame, dit le jeune homme.

— Mais mon séjour auprès du roi était limité; les jours se succédaient avec une effrayante rapidité et l'heure où il me faudrait quitter le pauvre captif n'était pas loin. Le roi se désolait et j'avais le cœur bien marri.

Un soir, nous étions accoudés tous les deux au balcon du palais qui nous servait de prison, quand la rue silencieuse s'emplit tout à coup de bruit et de lumière.

Nous vîmes déboucher un flot de peuple et derrière le peuple des soldats; et après les soldats des moines noirs qui portaient des torches et psalmodiaient des chants funèbres. Puis, au milieu des moines un homme en chemise, la corde au cou, pieds nus et portant à la main un gros cierge dont la cire brûlante lui tombait sur tout le corps. C'était un pauvre diable qu'on allait brûler vif par ordre de la sainte inquisition.

Mais, auparavant, on le conduisait à l'église qui se trouvait en face du palais, afin qu'il fît amende honorable.

Comme le cortége passait sous notre balcon, le condamné leva la tête et me regarda.

Oh! jamais je n'oublierai ce regard!

Cet homme était jeune, tout jeune; il n'avait peut-être pas vingt ans.

Il était beau de cette étrange et fatale beauté qui est le partage des fils de Bohême, et ses yeux noirs se fixèrent sur moi avec une indéfinissable expression de prière et d'admiration.

Il me trouvait belle, et il me croyait puissante sans doute, car il me cria :

6

— Faites-moi grâce!

— Pauvre enfant! murmura le roi, je suis un captif comme toi, et je ne puis rien.

— Mais moi je me tournai vers un officier espagnol que l'empereur avait attaché à ma personne, dès le jour de mon arrivée à Madrid :

— Monsieur, lui dis-je, pensez-vous que si moi, une fille de France, je demandais à l'empereur la grâce de ce pauvre diable, il me la refuserait?

— Assurément non, répondit l'officier en s'inclinant.

— Eh bien! lui dis-je, courez voir l'empereur qui a quitté l'Escurial pour Madrid, ce matin, et portez-lui ce message.

Et déchirant un feuillet du carnet que j'avais sur moi, j'écrivis à l'empereur.

L'officier partit rapide comme l'éclair.

Dans le lointain, à l'autre bout de la rue, flamboyait le bûcher.

Les cloches de l'église sonnaient, et le malheureux, à genoux sous le porche, tournait de temps en temps la tête et me regardait.

La cérémonie fut longue, si longue que l'officier eut le temps de revenir.

A cheval, l'épée d'une main, un papier qu'il agitait au-dessus de sa tête de l'autre, il fendait la foule criant :

— Place! place!

— J'entendis deux cris à la fois.

Un cri de rage poussé par les moines.

Un cri de reconnaissance et de joie s'échappant de la poitrine du condamné.

Et il leva de nouveau la tête vers moi e son regard ardent et profond semblait me dire :

— Je suis à vous pour toujours et m..r sang vous appartient !...

— Et peut-être ne l'avez-vous jamais revu, madame ? demanda la Gironde.

— Oh ! si, répondit la reine de Navarre, vous allez voir, mes enfants, que j'avais eu raison de sauver Michaël.

— Michaël ?

— Oui, c'était le nom du bohémien.

Et la reine fit une pause pour reprendre haleine.

IX

La reine de Navarre reprit après un moment de silence :

— Quelques jours s'écoulèrent.

Ni le roi, ni moi, ne pensions plus au pauvre bohémien que j'avais arraché à une mort horrible.

Le temps de mon séjour à Madrid allait expirer, et l'empereur, qui se montrait de plus en plus dur pour son malheureux captif, et mettait à sa liberté des conditions inacceptables, l'empereur, dis-je, m'avait refusé de renouveler mon sauf-conduit.

J'avais emmené avec moi une centaine de personnes.

C'était peu, mais c'était assez cependant pour exécuter un coup de main.

Nous eûmes la pensée hardie d'enlever le roi.

Prisonnier sur parole, le roi ne pouvait pas nous suivre de bonne volonté ; mais nous pouvions l'enlever.

Comme mes gentilshommes et moi, nous songions aux moyens d'exécuter ce plan audacieux, une vieille femme se présenta un soir au palais et me fit tenir ce billet.

Et la reine, parlant ainsi, tira de son sein un papier jauni qu'elle tendis à mademoiselle Gironde.

Ce papier renfermait les lignes suivantes :

« Madame,

« Un homme qui vous est inconnu, mais qui vous
« doit la vie, vous peut rendre un grand service. Con-
« sentez à le recevoir cette nuit dans vos appartements,
« et vous ne vous repentirez pas de votre confiance. »

J'eusse reçu le diable s'il se fût présenté, poursuivit la reine.

Un peu après minuit, comme je veillais sans lumière, derrière mes jalousies, j'entendis un léger bruit. J'écartais avec les doigts les lames des persiennes et je vis un homme qui enjambait mon balcon.

Adroit comme un Indien, cet homme avait, de la rue, lancé une corde à nœuds qui s'était accrochée après le balcon et s'y était fixée assez solidement pour supporter le poids de son corps.

Puis, il avait grimpé lestement le long de la corde, et il arrivait ainsi chez moi.

Je le reconnus aux rayons de la lune.

C'était le bohémien dont j'avais obtenu la grâce.

Il souleva la jalousie, se glissa comme une couleuvre dans mon appartement, et me dit tout bas :

— Vous m'avez sauvé, je viens acquitter ma dette.

Ma chambre était plongée dans une demi-obscurité.

Emue de cette aventure, je le pris par la main et voulus le faire asseoir.

Mais il demeura respectueusement debout devant moi.

— Madame, me dit-il, vous songez à enlever le roi.

Je tressaillis. Comment cet homme, ce bohémien, avait-il mon secret ?

— Vous songez à enlever le roi, poursuivit-il, et je viens vous offrir mes services et ceux de mes frères les bohémiens.

Et comme je le regardais, étonnée, il eut un fin sourire.

— Je me nomme Michaël, me dit-il, je suis le roi de la tribu qui est à Madrid, et on m'obéit aussi aveuglément que les Espagnols obéissent à l'empereur.

Vous avez à vos ordres une centaine de gentilshommes ; je vous donnerai deux cents bohémiens, tous bien armés, tous hardis et dévoués à celle qui a sauvé leur chef.

— Mais, mon ami, lui dis-je, puisque vous avez des partisans aussi nombreux à Madrid, pourquoi, l'autre jour, ne se sont-ils pas exécutés, et n'ont-ils pas essayé de vous délivrer, tandis qu'on vous conduisait au supplice?

Il eut un sourire.

— Parce que je ne l'ai pas voulu, dit-il.

Moi aussi, je me pris à sourire; mais mon sourire avait une pointe d'incrédulité.

Il me devina et répondit simplement :

— Madame, nous autres bohémiens nous lisons parfois dans l'avenir.

— Ah! fis-je, d'un air de doute.

— Le jour de ma condamnation, ma mère, la vieille gitana Pépita, me tira les cartes et demanda à la destinée ce que nous devions faire.

Les cartes répondirent qu'une princesse française obtiendrait ma grâce, et qu'il serait inutile de montrer, en temps inopportun, la puissance des bohémiens aux bourreaux de l'inquisition.

— Vraiment! lui dis-je, vos cartes consultées vous répondirent cela?

— La preuve en est, madame, que je levai les yeux vers vous en passant sous ce balcon.

— C'est vrai, je m'en souviens.

— Et vous devez vous souvenir aussi que j'étais alors

comme un homme qui sait bien qu'il ne mourra pas.

Il s'exprimait avec un tel accent de sincérité, que j'avais fini par partager sa conviction.

— Voyons, lui dis-je, comment savez-vous que je songe à enlever le roi de France?

— Les cartes me l'ont dit.

— En vérité !

— Et les cartes m'ont dit aussi qu'il y avait quatre-vingt-dix-neuf chances pour la réussite, et une chance contre.

— Et... cette chance mauvaise?

— Elle viendra de vous, si elle vient.

— De moi?

— Oui, madame.

Le geste, l'accent, le regard de cet homme étrange, me fascinaient peu à peu.

Michaël me dit encore :

— Nous n'avons pas seulement le pouvoir de lire confusément l'avenir ; nous avons entrepris une grande œuvre que nous mènerons à bonne fin.

— Laquelle ?

— Nous fabriquerons de l'or avec des cendres, d'ici peu.

— Oh ! fis-je en riant, la pierre philosophale, le rêve de Nicolas Flamel.

— Je l'ai trouvée, dit Michaël avec conviction, mais ce n'est point là ma seule découverte.

— Vraiment?

— Encore quelques jours, et j'aurai trouvé l'élixir de vie.

— Encore un des rêves de Flamel !

— Dans huit jours, poursuivit-il avec une tranquillité qui m'impressionna vivement, je ne craindrai plus les bûchers de l'inquisition; je serai immortel.

Et comme, cette fois, je hochais la tête, il continua, souriant toujours :

— Mais ce n'est point pour vous dire tout cela que je suis venu ici. Je viens pour sauver le roi.

— Parlez donc, lui dis-je.

— Le roi, poursuivit-il, a donné sa parole à l'empereur qu'il ne chercherait pas à fuir. Le héros de Marignan ne voudra point violer son serment.

— Je le sais, lui dis-je, mais j'ai prévu ce qui pourrait advenir.

— Ah ! Et comment ?

— Nous enlèverons le roi, nous le bâillonnerons au besoin, et il ne redeviendra notre maître à tous que par delà les Pyrénées.

Michaël secoua la tête.

— Mauvais moyen, dit-il.

— Pourquoi donc ?

— Le roi s'indignera, il parlera de sa loyauté que vous déshonorez. Il vous ordonnera de lui obéir, et vous lui obéirez.

Ce que disait le bohémien était juste. Le roi est toujours le roi, et quand il ordonne, il faut obéir.

— Je ne vois cependant pas d'autre moyen de sauver le roi, observai-je.

— J'en sais un, moi, dit Michaël.

— Voyons?

— Supposez que le jour qui précédera la nuit de l'enlèvement, le roi s'endorme.

— Bien, après?

— Que son sommeil soit si profond qu'il ne se puisse réveiller, et que, profitant de ce sommeil, on le couche dans un cercueil, et que ce cercueil, emporté du palais, soit conduit par delà les monts.

— Mais ce que vous dites là est impossible.

— Rien n'est impossible, madame.

Alors, Michaël tira de son sein une petite fiole et me dit :

— Ce flacon renferme un narcotique qui procurera au roi un sommeil de huit jours.

— Et il s'éveillera après?

— Aussi naturellement qu'il s'éveille tous les matins.

La voix sympathique et convaincue de Michaël me persuadait peu à peu.

Évidemment, ce n'était pas là un homme ordinaire et j'avais trouvé en lui un auxiliaire précieux.

— Voyons? lui dis-je, parlez. Vous avez trouvé un plan, sans doute.

— Oui, madame, un plan tout entier.

— Je vous écoute.

— Dans trois jours expire votre sauf-conduit.

— C'est vrai.

— Alors, vous et vos gentilshommes, âmes chevaleresques et imprudentes, vous avez songé à enlever le roi demain soir, à sortir de Madrid l'épée au poing et à vous faire jour à travers l'Espagne, à grands coups de rapière.

— Je ne vois pas d'autre moyen, dis-je naïvement.

— Écoutez-moi, reprit Michaël. Un de vos gentilshommes, le sire de Belleroche, est tombé gravement malade, il y a deux jours.

— Oui, répondis-je, et les médecins disent qu'il ne passera peut-être pas la nuit.

— Il sera mort au point du jour.

— Qui vous l'a dit ?

— Les cartes, répliqua-t-il avec assurance.

— Eh bien ! fis-je en le regardant.

— Demain matin, quand le sire de Belleroche aura rendu le dernier soupir, son frère, qui est avec vous, et un autre gentilhomme iront trouver don Emmanuel Ribero, l'officier qui est attaché à la personne du roi, et ne la quitte ni jour ni nuit.

— Après ?

— Et ils lui demanderont un sauf-conduit pour ramener en France le corps du sire de Belleroche.

Je commençais à comprendre ; Michaël continua :

— Pour que le corps ne soit point enseveli à Madrid, il faudra la permission du grand inquisiteur, puis celle du capitaine général, et les formalités traîneront toute la journée. Ce ne sera guère que le soir, à la nuit close, que le cortége funèbre pourra se mettre en marche. Commencez-vous à comprendre, madame?

— Continuez, lui dis-je.

— Don Emmanuel Ribero se tient debout devant le fauteuil du roi pendant que Sa Majesté prend ses repas.

— Toujours, en effet.

— Comme il est plein de courtoisie et met à ses tristes fonctions la plus exquise délicatesse, le roi l'a pris en amitié.

— Cela est vrai.

— Aussi, quelquefois, l'invite-t-il à boire à sa santé, et choque-t-il son verre au verre qu'il fait donner au pauvre gentilhomme.

— Eh bien?

— Don Emmanuel Ribero est le seul Espagnol qui vive dans le palais, où tout le monde est à vous; et dans votre plan primitif, n'était-il pas question de s'en défaire?

— C'eût été tuer à regret, répliquai-je, mais il le fallait.

— Ce sera tout à fait inutile maintenant.

— Ah! et comment?

— Vous ferez verser le contenu de cette fiole dans le vin que le roi boira et dont il offrira un verre à don Emmanuel Ribero.

— Et puis?

— Le roi s'endormira, et, avec lui, le jeune Espagnol. Alors on ôtera de son cercueil le sire de Belleroche et on mettra le roi à sa place.

— Mais, dis-je encore, j'admets que les choses aillent ainsi, que le roi endormi ne se réveille pas, qu'il sorte de Madrid dans un cercueil, et que don Emmanuel ne s'éveille pas non plus.

— Eh bien!

— Demain, au lever du soleil, le capitaine général viendra faire sa visite accoutumée au roi, et il ne le trouvera pas.

— Oui, mais il trouvera don Emmanuel qui lui dira que le roi est malade.

— Mais don Emmanuel dormira...

Michaël eut un nouveau sourire.

— Madame, dit-il, don Emmanuel a un frère, et ce frère est un des nôtres. Ce frère lui ressemble si parfaitement que le capitaine général s'y trompera.

— Oh! que me dites-vous là?

— Le père de don Emmanuel Ribero a aimé une femme de notre tribu, et l'enfant de cette femme, je vous le répète, est la vivante image de don Emmanuel.

D'ailleurs, ajouta Michaël, ne craignez rien. En une nuit, le cercueil aura fait du chemin. Accompagné, en apparence, par deux gentilshommes, il le sera, en réalité, par deux cents bohémiens qui voleront, agiles, muets, invisibles, aux deux bords du chemin, prêts à protéger la petite escorte, s'il en est besoin.

Et, comme je ne paraissais pas encore suffisamment convaincue, Michaël retourna sur le balcon, mit deux doigts sur sa bouche et fit entendre un coup de sifflet.

Soudain, une ombre se dégagea du porche ténébreux d'une maison voisine et cette ombre bondit vers la corde à nœuds, et en quelques secondes elle fut sur le balcon.

J'étouffai un cri de surprise.

Un homme, également vêtu de rouge et de noir, comme Michaël, était devant moi, et cet homme ressemblait si étrangement à don Ribero, que je crus, un instant, que c'était lui.

— Vous le voyez, me dit Michaël, le capitaine général peut bien s'y tromper, puisque vous vous y trompez vous-même, madame.

— Mais on sait, sans doute, que don Emmanuel a un frère ! m'écriai-je.

— Non, nul ne le sait à Madrid, où ce jeune homme est arrivé il y a une heure.

— Et don Emmanuel ?

— Don Emmanuel ne l'a jamais vu.

. . . .

Ici, la reine de Navarre s'interrompit un moment encore.

La Gironde et Amaury de Mirepoix semblaient suspendus à ses lèvres, tellement cet étrange récit les intéressait.

Enfin, la reine reprit :

— Tous les projets que mes gentilshommes et moi avions formés étaient téméraires et pleins de folie.

Le plan de Michaël était sage.

Je l'adoptai sans réserve, et ne mis dans la confidence que trois ou quatre de mes gentilshommes.

Michaël ne s'était pas trompé.

Quand le jour vint, on m'annonça que le sire de Belleroche était mort.

Alors, les choses allèrent comme le bohémien les avait prévues.

Don Emmanuel consentit à ce que le gentilhomme mort fût transporté en France, et il se chargea des formalités à remplir.

Le soir même, nous avions le sauf-conduit.

Le roi, qui ne se doutait de rien, se mit à table comme à l'ordinaire.

Don Emmanuel, comme à l'ordinaire aussi, se plaça derrière son fauteuil.

Je soupais avec le roi, et c'était moi qui le servais.

A mesure que le temps s'écoulait et qu'approchait le moment de verser au roi le vin qui devait le plonger dans un sommeil léthargique, une terreur vague s'emparait de moi.

Michaël m'avait dit qu'il dormirait huit jours.

Et je me posai avec épouvante cette question :

— S'il n'allait pas se réveiller ?

Au moment suprême, je pris une extrême résolution, une résolution insensée.

Je versai à boire au roi, et le vin que je lui offris n'était pas mélangé du narcotique.

J'avais si adroitement vidé le flacon dans la bouteille

ensuite, que ni le roi, ni don Emmanuel ne s'en aperçurent.

Ce qui fit que seul le jeune Espagnol devait s'endormir.

Et je me disais, en agissant ainsi, que ni moi, ni les gentilshommes, ne faillirions à notre résolution première, que nous nous emparerions du roi, que nous le bâillonnerions au besoin, et qu'il faudrait bien qu'il consentît à se mettre dans le cercueil du sire de Belleroche.

Mais, en agissant ainsi, je ne connaissais point la violence du narcotique que m'avait donné Michaël; à peine don Emmanuel eut-il vidé le verre que le roi lui tendait, qu'il tomba foudroyé.

Le roi jeta un cri.

Moi-même j'eus un instant de trouble et de confusion dont le roi profita.

Je lui fis ma confession tout entière.

Et alors, se levant, le roi prit son épée et me dit :

— Je quitte ce palais, je vais aller trouver l'empereur Charles, mon frère, et placer mon honneur sous sa sauvegarde !

J'étais atterrée, et je me souvenais, hélas ! mais trop tard, des paroles fatidiques du bohémien Michaël :

« Une seule chance contraire peut renverser nos projets, et cette chance viendra de vous. »

La reine s'intrerrompit pour essuyer une larme.

Puis, après un soupir :

— Mais, dit-elle, comme vous allez voir, mes enfants, je n'en avais point fini avec Michaël le bohémien.

X

La reine continua son récit :

Le roi se mourait du mal de la patrie ; il sentait ses forces s'épuiser et le courage lui manquer ; mais il ne voulait point violer ses serments.

Tous mes arguments, toutes les bonnes raisons que je m'efforçai de lui donner, furent impuissants.

— Je suis à la merci de mon frère Charles, dit-il ; c'est une grande calamité, mais mon honneur sera sauf.

Et le roi ne voulut rien entendre.

Une heure après, un homme escaladait le balcon du palais. C'était Michaël.

— Madame, me dit-il, je vous l'avais prédit. Vous seule pouviez faire avorter nos desseins.

Mon désespoir était si grand, que je répondis à Michaël qu'il pouvait m'accabler de ses reproches et que je les méritais de tous points.

Mais le bohémien me regarda avec douceur et me dit :

— Ne vous désolez pas ainsi, noble princesse, la captivité du roi touche à sa fin.

— Qu'en savez-vous ?

— Les cartes me l'ont dit tout à l'heure.

— Ah ! toujours les cartes ! fis-je avec impatience.

— Vous n'y croyez pas, et c'est un grand malheur, reprit-il, mais vous finirez par y croire.

— Oh !

— Quand tout ce qu'elles vous auront prédit se réalisera.

— Et que me prédisent-elles donc ces cartes ? lui demandai-je, essayant de faire trêve à ma douleur.

— Elles me montrent le roi de France à Paris et l'empereur Charles son hôte.

— Son hôte ou son prisonnier ?

Il se prit à sourire encore.

— Cela dépendra peut-être de vous encore, me dit-il.

Cet homme étrange me fascinait, et j'avais beau faire appel à ma raison, je finissais par le croire aveuglément.

— Madame, dit-il encore, en agissant comme vous l'avez fait ce soir, non-seulement vous avez rendu impossible la délivrance du roi, mais vous m'auriez perdu moi-même si je n'avais enfin trouvé ce que je cherche depuis si longtemps.

— Que voulez-vous dire ?

— L'inquisition a commencé l'instruction d'un nouveau procès contre les gens de ma tribu, et c'était pour nous soustraire à l'accusation qui nous menace que nous eussions escorté le roi jusqu'en France.

Mes frères partiront, mais moi, le roi ne partant pas, je dois rester.

— Pourquoi donc ?

— Ainsi le veut la destinée. L'heure où je dois quitter l'Espagne n'est point venue encore.

— Mais vous serez arrêté ?

— Oui, demain soir.

— Jugé de nouveau, condamné... et qui sait si cette fois l'empereur...

Michaël se mit à rire :

— J'ai trouvé l'élixir de vie, me dit-il, je suis immortel. Adieu, madame, nous nous reverrons...

Et il enjamba le perron et disparut avant que je fusse revenue de la surprise que me causaient ses dernières paroles.

Tout ce que Michaël m'avait annoncé si étonnamment, se réalisa.

Le lendemain, il fut arrêté.

Je le vis passer sous mes fenêtres, conduit enchaîné par les soldats. Tandis qu'on le menait au terrible tribunal, on dressait le bûcher.

Le grand inquisiteur, qui voulait se venger de moi qui lui avais un moment arraché une victime, voulut que le supplice eût lieu sous les fenêtres du palais.

Le roi était malade et gardait le lit. Je lui cachai ces sinistres préparatifs.

Au moment où la nuit arrivait, Michaël fut amené au bûcher.

J'étais à mon balcon, et je n'étais pas séparée de lui par plus d'une vingtaine de pas.

Pâle et frissonnante, j'avais voulu dire un dernier adieu à cet homme qui s'était dévoué pour moi et dont j'avais paralysé le dévouement.

Et cependant, une vague curiosité, une espérance plus vague encore, se mêlaient à mes souvenirs.

Michaël m'aperçut et me salua.

Puis, il me cria en français :

— Ne craignez rien pour moi... je suis immortel. Au revoir, princesse, au revoir !

On le lia au poteau.

Il n'opposa aucune résistance et continua à sourire.

Le peuple hurlait à l'entour du bûcher et accablait le sorcier de malédictions.

Une vieille femme s'approcha, et comme les moines mettaient le feu au bûcher, elle y monta.

Ce fut rapide comme l'éclair, si rapide que nul ne put s'y opposer.

La vieille femme, qu'à son teint bistré il était facile de reconnaître pour une bohémienne, approcha des lèvres du patient une cruche, en disant :

— Bois, mon fils.

— Merci, mère, répondit Michaël, qui s'abreuva à longs traits de la mystérieuse liqueur que renfermait la cruche.

— Il faut brûler la vieille aussi! Au bûcher la sorcière ! hurlait le peuple.

Mais déjà la vieille femme était descendue du bûcher et avait disparu.

Alors le bûcher commença à pétiller, les flammes se dégagèrent d'un tourbillon de fumée et montèrent lentement.

Mes yeux étaient rivés sur Michaël.

Les flammes montaient encore.

Du haut du balcon où j'étais, le bûcher m'apparaissait distinctement, et le patient était placé comme au-dessous de moi.

Il me fut donc donné de voir une chose que, sans doute, ni le peuple, ni les moines, ni les soldats ne virent.

Au moment où les flammes allaient l'atteindre, Michaël rejeta de sa bouche un flot de liqueur rosée qui ressemblait à du vin.

Et les flammes s'éteignirent aussitôt tout à l'entour de lui, et il fut enveloppé d'un tourbillon de fumée qui le déroba à tous les regards.

Dès lors, nul ne le vit, nul ne l'entendit crier.

Pourtant le bûcher flambait et s'écroulait lentement.

Le peuple se retira, les soldats balayèrent les derniers curieux, les moines se retirèrent en psalmodiant des chants d'Église. J'étais encore au balcon, regardant avec stupeur ce morceau de cendres qui était tout ce qui restait du pauvre Michaël.

Et pourtant, il m'avait dit : Au revoir!

Ici la reine regarda mademoiselle Gironde et Amaury de Mirepoix.

— Et vous croyez, mes enfants, dit-elle, que Michaël fut brûlé ?

— Pardi ! répondit Amaury.

— Le contraire est inadmissible, dit mademoiselle Gironde.

— C'est invraisemblable ; mais enfin, cela est vrai.

— Que Michaël fut brûlé ?

— Non, qu'il survécut et que je le revis le lendemain.

— Oh ! madame !

— Cela fut ainsi, mes enfants. Le lendemain, comme la nuit tombait et que je quittais la chambre du roi, toujours malade et succombant peu à peu à un ennui profond, on me remit ce billet.

Je tressaillis profondément, et l'ouvrant, je jetai un cri.

Il était signé Michaël.

« Madame, m'écrivait le bohémien, au point du jour, j'aurai quitté Madrid ; et je ne veux point partir sans vous dire adieu. Attendez-moi, cette nuit, sur votre balcon. »

Je croyais rêver.

Ce fut une nuit pleine d'anxiété et d'angoisses que je passai.

Les premières heures me parurent mortelles ; puis, minuit arriva ; puis, un peu avant l'aube, j'entendis retentir le chant du coq.

Michaël ne venait pas.

Ce pauvre diable, pensai-je, a voulu m'éblouir de sa prétendue science jusqu'au dernier moment ; il aura écrit ce billet avant d'aller au supplice, et il me l'aura fait tenir par un de ses compagnons.

Et comme je pensais cela, un homme apparut sous le balcon et d'une main vigoureuse lança la corde à nœuds qui vint s'y accrocher fortement.

Puis, il grimpa lestement, et alors, je reculai frappée de stupeur.

J'avais reconnu Michaël.

— Je vous l'avais dit, madame, dit-il en souriant, j'ai enfin trouvé l'élixir de vie, je suis immortel.

Cependant, revenant de ma surprise, je me souvins de la vieille femme qui avait approché une cruche de ses lèvres, et je me rappelai aussi qu'il avait rejeté de sa bouche une liqueur qui avait éteint les flammes autour de lui.

— Michaël, lui dis-je, ne cherchez pas à me tromper. Aucun homme n'est immortel. Seulement, vous êtes sans doute un alchimiste habile, et c'est par quelque procédé d'alchimie inconnu et merveilleux que vous avez empêché les flammes d'arriver jusqu'à vous.

Puis, vous vous serez enfui du bûcher, grâce à l'épais tourbillon de fumée qui s'en dégageait.

— Vous êtes libre de croire cela, madame, me dit-il ; mais souvenez-vous bien de mes paroles : Vous me reverrez dans dix ans, et vous me trouverez aussi jeune que je le suis en ce moment.

— Ah ! je vous reverrai dans dix ans ?

— Oui, madame.

— Pas avant ?

— Non. C'est inutile. Vous n'avez pas besoin de moi avant cette époque.

— Et où vous reverrai-je ?

— A Paris.

Puis, me regardant avec cet œil noir et profond dont j'avais peine à soutenir l'éc :

— Ne vous ai-je pas dit que dans dix ans l'empereur Charles serait à Paris ?

— Comme prisonnier ou comme hôte ? demandai-je pour la seconde fois.

Et, pour la seconde fois, il me répondit :

— Cela dépendra peut-être de vous. Adieu, madame.

Et il disparut.

— Et vous ne l'avez jamais revu, madame? demanda la Gironde avec curiosité.

— Jamais ! je l'avais même oublié, quand j'ai eu de ses nouvelles, il y a deux mois.

— En vérité, fit Amaury de Mirepoix.

— Je ne songeais pas à quitter la Navarre, reprit la reine, et à revenir à la cour de France, quand un soir une bande de bohémiens s'arrêta et se mit à danser sous les fenêtres du château de Pau.

La vue de ces gitanos me remit en mémoire le beau Michaël.

Et tandis que je les regardais et que le son bizarre de leurs tambours et de leurs flûtes m'arrivait, l'un d'eux leva la tête, m'aperçut et me salua d'un petit air mystérieux.

Puis, il me cria en espagnol :

— O ma bonne reine, si vous saviez quel message j'ai pour vous !

Un page était derrière moi. Je lui commandai d'aller chercher le bohémien.

Le page exécuta mes ordres, et le gitano me fut amené.

— Je veux vous parler, me dit-il, mais je veux vous parler seul à seul.

Je congédiai les personnes de mon entourage et j'attendis que le bohémien s'acquittât du message qu'il prétendait avoir.

— Quelque chose me disait que ce message était de Michaël.

En effet, il ouvrit son hoqueton couvert de paillettes et me montra un pli cacheté qu'il portait suspendu à son cou par un fil de soie.

Puis, il brisa le fil et me tendit cette lettre, que je m'empressai d'ouvrir.

J'avais reconnu l'écriture de Michaël.

Le bohémien me disait :

« Madame, l'heure est proche, les cartes ont parlé.

Dans cinq heures, au plus tard, l'empereur Charles couchera sous les lambris du Louvre.

« Hâtez-vous de venir à Paris, si vous voulez que nous prenions notre revanche de Madrid.

« Le jour de votre arrivée, choisissez-votre gentilhomme le plus fidèle et commandez lui de me chercher par la grand'ville.

« Il me trouvera le soir, après le couvre-feu, dans une taverne qui est proche de la porte Saint-Antoine et qui a pour enseigne : *Au Bon Moine.*

« Ordonnez-lui qu'en entrant, il dise ces mots :

Je cherche l'homme qui ne meurt pas.

« Alors, je me lèverai de la table où je serai assis et je le suivrai.

« Votre fidèle,

« MICHAEL. »

— Or, mes bons amis, continua la reine Marguerite, à l'époque où je reçus cette lettre, il n'était nullement question que l'empereur Charles dût revenir à Paris. La France et l'Espagne sont en paix, Dieu sait à quel prix ! et mon frère, le roi François, oublie dans les bras de la duchesse d'Étampes nos maux et nos revers. Mais un mois après le jour où m'était parvenu le message de Michaël, nous apprîmes à la cour de Navarre que l'empereur s'apprêtait à aller châtier les Gantois révoltés, et qu'il avait fait demander au roi de France la permission de traverser son royaume. Michaël, une fois encore, avait prédit l'avenir.

Alors, je me suis mise en route et je suis venue.

— Et vous allez faire rechercher ce Michaël, madame? demanda Amaury.

— C'est toi qui l'iras chercher, mon mignon, répliqua la Marguerite des Marguerites.

— Quand, madame?

— Ce soir même.

— Je suis prêt, dit Amaury, qui prit son feutre et son manteau et boucla son épée.

— Va, dit la reine, en lui tendant la main.

Et Amaury partit.

. . . .

On était alors en novembre, et Paris était couvert d'un épais brouillard d'où se dégageait une pluie fine et glacée qui rendait le pavé gras et glissant.

Amaury, le nez dans son manteau, faisait sonner ses éperons et marchait gaillardement la main gauche appuyée sur la coquille de sa rapière.

— Pauvre chère reine! murmurait-il tout en cheminant, elle est toujours belle, toujours jeune, toujours adorable, mais elle croit aux sorciers. Voilà pourtant ce que c'est de vivre éloignée de la cour de France.

Et, continuant sa route, à travers la rue Saint-Antoine, Amaury se disait encore :

— Je vais sans doute trouver quelque hideux gitano, affublé de haillons, maigre, vieilli, grisonnant, et ma pauvre reine éprouvera une déception bien grande en le voyant, si toutefois elle n'est pas la victime d'une mystification et si ce Michaël existe encore.

Amaury qui était un esprit fort, comme on le voit, arriva ainsi à la porte Saint-Antoine.

Le cabaret du *Bon Moine* était fermé, et le couvre-feu était sonné.

Mais on voyait un filet de lumière passer au travers des ais mal joints de la porte.

Amaury frappa.

Alors la porte s'ouvrit, et le jeune et beau gentilhomme se trouva au seuil d'une salle enfumée dans laquelle buvaient, pêle-mêle, des archers et des moines, des ribaudes et des escholiers.

— Je viens chercher l'homme qui ne meurt pas, dit Amaury.

Soudain, un homme se leva.

Amaury fit un geste d'étonnement.

Ce n'était pas un bohémien couvert de haillons qui s'était dressé devant lui.

C'était un gentilhomme vêtu de soie et de velours, ayant rapière au côté et dague au flanc.

Et ce gentilhomme était jeune et brave, et il ne paraissait pas avoir plus de vingt ans.

Il fit un pas vers Amaury et lui dit :

— Je vous attendais.

— Vous m'attendiez, vous ?

— Oui, car la reine de Navarre est arrivée.

— Vous êtes donc ?

— Je suis l'homme qui ne meurt pas. Je m'appelle Michaël !...

XI

Amaury de Mirepoix sortit le premier du cabaret.

— Étrange, murmurait-il en lui-même, on se moque de ma bonne reine, j'en suis sûr.

Le bohémien, vêtu en gentilhomme, était sorti derrière lui.

— Hé ! mon gentilhomme, dit ce dernier en tirant la porte du cabaret, et frappant ensuite familièrement sur l'épaule d'Amaury, voulez-vous que je vous dise ce que vous pensez en ce moment ?

Amaury tressaillit et le regarda avec une sorte de stupeur.

— Vous vous dites : Je venais chercher un bohémien, et je trouve un cavalier vêtu de velours.

— Cela est vrai, monsieur.

— Et vous vous demandez si on ne se moque pas de vous.

— Monsieur, dit Amaury, choqué, il me semble que, si on se moquait de moi...

— Ce serait la première fois, n'est-ce pas ?

— Assurément...

Et le jeune homme posa la main sur la coquille de sa rapière.

— Rassurez-vous, dit Michaël en riant, la pensée n'en viendrait à personne, et à moi moins qu'à tout autre, monsieur de Mirepoix.

— Vous savez mon nom?

— Pardieu! je vous connais... je vous ai vu enfant.

— Vous!

— Oui. N'avez-vous pas accompagné la princesse Marguerite à Madrid?

— Ah! c'est juste, dit Amaury, songeant au récit de la reine de Navarre. Mais je n'étais plus un enfant, alors, j'avais seize ans.

— Aussi vous avais-je vu auparavant.

— Où cela?

— Au château de Mirepoix, dans votre première enfance.

— Quel âge avez-vous donc?

Un sourire glissa sur les lèvres de Michaël.

— Je suis très-vieux, dit-il.

— Vous paraissez vingt ans à peine.

— Parce que j'ai trouvé l'élixir de vie.

Amaury haussa imperceptiblement les épaules.

Michaël poursuivit gravement :

— Nous avons un bout de chemin à faire d'ici au Louvre, et, par conséquent, le temps de causer. Cher monsieur Amaury, vous êtes dévoué à la reine.

— Oh! dit Amaury, dont la voix se prit à trembler.

— Vous en êtes même amoureux depuis dix ans.

Amaury s'arrêta brusquement.

— Qu'en savez-vous ? dit-il.

— Je sais tant de choses ! répondit Michaël, ne sommes-nous pas un peu sorciers, nous autres bohémiens ?

— Vous êtes donc bohémien ?

— De pure race.

— Ah !

— Tout à l'heure je vous dirai pourquoi je ne porte pas, ce soir, les vêtements des gens de ma tribu. Mais, auparavant, parlons de choses sérieuses.

— Je vous écoute, monsieur.

— Je disais donc que vous étiez dévoué à la reine de Navarre et au roi son frère.

— Comme tout bon gentilhomme.

— Moi aussi, dit Michaël, et nous sommes destinés à agir souvent de concert, vous et moi.

— En vérité ! dit Amaury avec une pointe de dédain, car il se trouvait blessé de ce pied d'égalité sur lequel Michaël semblait vouloir prendre les choses.

Comme si ce diable d'homme eût lu au fond des cœurs, il regarda Amaury et lui dit :

— Il y a des bohémiens gentilshommes, monsieur.

Amaury se sentit rougir et il ne put supporter l'éclat de ce noir regard, qui semblait être une étincelle arrachée au foyer de l'enfer.

— Moi qui vous parle, poursuivit Michaël, je descends en ligne droite du premier roi de Hongrie.

— Moi, dit Amaury froidement, je suis le cousin de la Vierge.

La chose n'alla pas plus loin.

Michaël et Amaury se crurent réciproquement sur parole, et le premier continua :

— Je vais vous donner une preuve incontestable que je vous ai connu dans votre première enfance et que je vous ai même fait sauter sur mes genoux.

— Oh ! par exemple !

— Un matin de septembre, au temps des vendanges, ne vous en alliez-vous pas, conduit, à travers les vignes qui entouraient le château de Mirepoix, par un varlet qui vous donnait la main, et ne rencontrâtes-vous pas, dans un chemin creux, une troupe de gens de Bohême, les uns à pied, les autres à cheval, marchant au son de leur musique bizarre ?

— Oui, en effet, je me souviens bien de cela, dit Amaury.

— Ces gens de Bohême, sachant qui vous étiez, voulurent vous faire honneur. Ils se rangèrent en cercle autour de vous et se mirent à danser.

— Je me rappelle cela encore, dit Amaury.

— Et l'un d'eux, qui pouvait avoir vingt ans alors, vous prit dans ses bras et vous mit un baiser au front.

— Oui, cela est vrai, et... celui-là...

— C'était moi, dit Michaël, regardez-moi bien.

Ils passaient, en ce moment, sous une des rares lanternes qui éclairaient de loin en loin les rues sombres du vieux Paris, et Michaël se plaça dans le cercle de lumière qu'elle décrivait autour d'elle.

— Regardez-moi ! répéta-t-il.

Et soudain Amaury s'écria :

— Oui, en effet, je crois que c'est vous.

Puis, regardant ce visage jeune et presque imberbe :

— Mais cela est donc vrai, dit-il, qu'on peut ne pas vieillir ?

— Quand on a trouvé l'élixir de vie.

— Vous l'avez donc trouvé ?

— Et la reine de Navarre a dû vous dire que je m'en étais quelque peu servi, le jour où les moines espagnols m'avaient brûlé vif.

— Excusez-moi, monsieur, dit Amaury ; mais tout ce que vous me dites là bouleverse quelque peu ma manière de voir en toutes choses. Je crois fermement à Dieu, beaucoup moins au diable, moins encore aux sorciers et aux nécromanciens. Cela étant, si vous le voulez, nous parlerons d'autre chose.

— Volontiers, reprit Michaël.

Et ils continuèrent à marcher côte à côte.

Amaury se disait :

— La bonne reine de Navarre, la Marguerite des Marguerites a pris en Navarre les idées les plus singulières. Elle croit aux tireuses de cartes. Pauvre reine !

Il se disait cela à lui-même, *in petto*, sans que ses lèvres eussent articulé un mot.

Aussi fit-il de nouveau un pas en arrière quand

Michaël lui dit, répondant tout haut à sa pensée :

— La reine est payée pour croire aux tireuses de cartes, messire Amaury.

— Ah! par exemple, s'écria le gentilhomme, cette fois, il faut en convenir, vous êtes sorcier.

Michaël eut un sourire.

— Vous vous étonne encore, dit-il, qu'un bohémien, un de ces hommes que le pape excommunie et que brûle l'inquisition, ose ceindre une épée de gentilhomme, porter un manteau brodé d'or et une plume blanche à son toquet ?

— Je croyais, balbutia Amaury, qu'il y avait des édits royaux qui défendaient...

— Qui défendent à ceux qui ne sont pas gentilshommes d'en prendre les habits, oui. Mais je suis gentilhomme, je vous l'ai dit.

Amaury ne souffla mot. Son silence avait même quelque chose d'injurieux.

Michaël poursuivit :

— Un jour, après la bataille de Marignan, on amena au roi François un médecin qui avait découvert un baume merveilleux pour les blessures.

Le roi en voulait faire l'expérience sur un pauvre petit page, nommé Gaston, un page qu'il aimait fort et qui, durant la bataille, avait reçu dans l'épaule une arquebusade.

Le médecin qui venait, on ne savait d'où, pratiqua l'extraction de la balle, rapprocha les chairs, versa dessus quelques gouttes de son baume, et, le lendemain, le page se trouva guéri.

Le roi, émerveillé, donna au médecin vingt-cinq pièces d'or ; mais il les refusa.

Alors, le voulant récompenser, le roi le convia à souper sous sa tente.

Le médecin accepta.

Quel ne fut pas l'étonnement du roi quand l'heure du souper venue, il vit le médecin arriver l'épée au côté, la dague au flanc et vêtu de soie.

— Ah çà ! maraud, dit-il, tu veux donc que je te baille des lettres de noblesse ?

— Je n'en ai nul besoin, sire.

— Oui-da ! fit le roi.

— Je tiens les miennes de Charlemagne.

— Ah bah ! fit encore le roi, incrédule, et tu exerces la profession de médecin !

— Et même celle de sorcier, sire. Je puis dire la bonne aventure à Votre Majesté ; mais auparavant, je lui vais prouver que j'ai le droit de porter l'épée.

Et le médecin étala sous les yeux du roi une charte en latin signée de Charlemagne et qui conférait la noblesse à ses aïeux. Dès lors le roi s'inclina.

— Or, savez-vous quel était ce médecin, messire ?

— C'était votre père ?

— C'était moi.

L'assurance avec laquelle Michaël parlait avait fini par ébranler quelque peu le scepticisme d'Amaury.

— Je crois rêver, murmura-t-il.

— N'allez pas croire, cependant, poursuivit le bohémien, que je me promène habituellement par les rues, ainsi accoutré. Ordinairement, je suis vêtu de rouge, et les enfants me voyant passer disent que je suis le diable.

— Alors pourquoi, ce soir...

— Ce soir, je ne veux pas qu'on dise qu'un bohémien est entré au Louvre, messire.

— Ah ! et pourquoi ?

— Parce que la reine et moi nous avons de grands projets sur lesquels il est inutile de donner l'éveil.

— Oui, des projets concernant l'empereur Charles ?

— Peut-être...

— Monsieur, dit Amaury, ne pensez-vous pas que la reine se fait des illusions ?

Michaël ne répondit pas.

Amaury renouvela sa question.

Alors le bohémien lui dit brusquement :

— La reine a une belle partie à jouer ; si elle la perd, ce ne sera pas ma faute, mais la sienne.

— Mais, monsieur, puisque vous êtes sorcier, vous devez savoir d'avance si la partie sera perdue ou gagnée.

— Non, monsieur.

— J'aurais pourtant cru le contraire.

— Je lis dans l'avenir, mais il y a toujours un nuage, un point obscur qui me dérobe une partie des événements.

Amaury courba la tête et garda dès lors le silence.

Quelques minutes après, ils arrivaient au Louvre.

Alors Amaury dit au bohémien :

— Nous allons tourner le palais et entrer par la poterne du bord de l'eau.

— Comme vous voudrez, répondit Michaël.

La poterne dont parlait Amaury était située en face de la tour de Nesle.

Quand le roi était au Louvre, c'était par là que les seigneurs qui avaient leur logis dans le palais avaient coutume de sortir ou d'entrer.

Presque tous en avaient une clef.

Et il suffisait de dire son nom ou même de prononcer simplement ces mots, « Service du roi » : pour que le suisse ou le lansquenet qui faisait sentinelle dans le corridor laissât passer.

Amaury fit donc entrer Michaël au Louvre par cette poterne, et il le conduisit par un petit escalier en coquille jusqu'au premier étage, où se trouvait le logis de la reine de Navarre.

Marguerite avait congédié ses gentilshommes et ses femmes, et, seule avec Gironde, elle attendait.

Quand elle vit entrer Michaël, elle eut un cri de surprise.

— Ah ! par Notre-Dame d'Embrun ! dit-elle, se servant du juron familier du feu roi Louis le onzième, je commence à croire à ton élixir de vie, Michaël.

En effet, le bohémien lui apparaissait plus jeune que dix années auparavant.

— Madame, répondit Michaël, j'ai trouvé non-seulement l'élixir de vie, mais encore...

— La pierre philosophale, peut-être ?

— Oui, dit froidement Michaël.

— Tu fais de l'or ?

— Et de l'or pur, madame ; du reste, nous en aurons besoin : les coffres du roi sont vides, et il faut les remplir si nous voulons arriver au but.

Marguerite ne souriait plus. Elle était devenue grave et silencieuse, et regardait le bohémien avec une inquiétude anxieuse.

Michaël regardait Gironde et Amaury et semblait dire :

— Ils sont gentils et mignons tous deux ; mais ce n'est pas devant eux que je parlerai.

La reine comprit ce regard.

— Ma belle Gironde, dit-elle, tu dois être lasse de ton voyage. Tu peux te retirer en ta chambrette.

— Oui, madame, dit la Gironde, qui se mordit les lèvres.

La belle fille était curieuse comme toutes les femmes, et elle eût bien voulu assister à l'entretien de la reine et du bohémien.

— Amaury, mon enfant, poursuivit Marguerite en donnant sa main à baiser au jeune homme, tu peux te retirer pareillement.

8

Amaury se leva, non moins dépité.

Puis il sortit sur les pas de mademoiselle Gironde.

Alors la reine de Navarre se trouva seule avec Michaël qui lui dit :

— Madame, l'heure de la revanche de Madrid est proche.

Elle le regarda d'un air qui signifiait :

— Explique-toi plus clairement.

Michaël poursuivit :

— J'ai demandé conseil aux cartes, et les cartes m'ont répondu.

— Que t'ont-elles dit?

— Que nous avions un beau jeu en main.

— Ah !

— Mais dans ce jeu deux mauvaises cartes.

— Qui sont?

— Madame la duchesse d'Étampes, d'abord.

— Et ensuite ?

— Ensuite, un homme qu'on a laissé devenir trop puissant depuis trois ou quatre ans.

— Et cet homme...

— C'est François Cornebut.

— Le prévôt des archers de Paris?

— Lui-même. Cornebut est l'âme damnée de la duchesse d'Étampes.

— Et la duchesse ?

— La duchesse est vendue à l'Espagne et à l'empereur Charles.

— Il faut donc se débarrasser de l'une et de l'autre.
— Oui, madame.
— Comment?
— Madame, reprit Michaël, vous savez qu'il est plusieurs jeux dans lesquels on écarte.
— Oui, certes.
— On jette une mauvaise carte et on tâche de la remplacer par une bonne.
— Oui, dit la reine, ton écart, en ce moment, est la duchesse d'Étampes et Cornebut.
— Précisément, madame.
— Par qui comptes-tu les remplacer?
— Par deux femmes.
— Qui sont?
— La Dauphine, d'abord.
— Et puis?
— Et madame Diane de Poitiers.
— La femme et la maîtresse du Dauphin?
— Pourquoi pas? dit froidement Michaël. En politique on rapproche les plus mortels ennemis.
— Et que comptes-tu faire pour écarter madame d'Étampes?
— C'est mon secret pour le moment, madame. Je supplie Votre Majesté de ne me le point demander.
— Soit. Et Cornebut?
— Cornebut est un rustre qui a un côté faible, un défaut de cuirasse.
— Lequel?

— Il est amoureux.

— De la duchesse d'Étampes ?

— Non, d'une ribaude appelée la Périne.

— Et tu comptes agir sur cette femme ?

— Oui, madame, et grâce à elle nous ferons de Cornebut ce que nous voudrons.

— Mais, dit encore la reine, il y a une troisième mauvaise carte dans notre jeu.

— Quelle est-elle ?

— La loyauté chevaleresque du roi.

Un sourire mystérieux reparut sur les lèvres du bohémien.

— Madame, répondit-il, ne nous occupons pas du roi pour le moment, et commençons par Cornebut.

— Soit, dit la reine.

— Que Votre Majesté me promette simplement une chose.

— Parle.

— Qu'elle me promette de venir au rendez-vous que je lui donnerai dans trois jours.

— Où cela ?

— Dans une maison où elle verra Cornebut et la Périne et où, alors, je lui révélerai mes projets. Adieu, madame, au revoir plutôt, dit Michaël.

Et il se leva pour prendre congé de la reine.

. . . .

Or, ce que nous venons de raconter se passait trois

jours avant cette nuit fatale où la Périne s'en était allée au sabbat, pour racheter la vie de son amant, le beau capitaine Fleur-d'Amour.

XII

Ainsi donc celui que la sorcière appelait indifféremment Satan ou le maître, à qui la Périne enamourée avait donné le nom de Michaël, cet homme ou ce démon avait assigné rendez-vous à la reine de Navarre dans le palais que François Cornebut avait à grand'peine édifié pour la ribaude.

Car c'était bien la Marguerite des Marguerites, cette femme masquée qui remontait la Seine en bateau, en compagnie de deux hommes, un batelier et un homme d'épée qui se tenait à l'arrière de la barque enveloppé dans son manteau et la main sur la coquille de sa rapière.

Celui-là, on le devine, était Amaury de Mirepoix, l'ancien page, le fidèle chevalier de la reine de Navarre; Amaury que la reine n'avait point mis dans la confidence de son entretien avec le bohémien Michaël, et qui en gardait, ainsi que mademoiselle Gironde, une légère rancune.

Il s'était écoulé trois jours entre cet entretien et le moment où nous reprenons ce récit.

Ces trois jours avaient été pleins de mystères pour la reine de Navarre.

Elle s'en était allée le lendemain de son arrivée faire visite à son frère le roi, au château de Rambouillet ; mais elle n'avait point voulu y passer la nuit. Et comme le roi l'avait voulu retenir, elle lui avait dit :

— Sire, mes bons Parisiens m'ont fait trop noble accueil pour que je ne demeure pas huit ou dix jours parmi eux. Après ce temps je serai vôtre aussi longtemps qu'il vous plaira.

Et la reine s'en était revenue à Paris.

Elle avait beaucoup vu madame la Dauphine, et la jeune princesse, si triste, si délaissée, avait vu le sourire revenir à ses lèvres et senti l'espérance descendre en son cœur.

La reine Marguerite était de si belle humeur ; elle avait de si bonnes paroles pour ceux qui souffraient, elle riait d'un si beau rire, que les plus affligés s'en trouvaient tout réconfortés.

Et puis encore, plusieurs fois, une vieille femme s'était présentée au Louvre, demandant à parler à la reine de Navarre.

Elle était embéguinée dans un long voile, vêtue d'une robe noire, en signe de deuil, et si bien encapuchonnée que les pages les plus curieux et les varlets les plus indiscrets avaient eu beau faire, ils n'étaient point parvenus à voir son visage.

Mais tous s'étaient accordés à dire qu'elle avait des

yeux qui brûlaient le regard comme des charbons ardents.

Et chaque fois, la reine avait reçu cette femme et s'était longuement entretenue avec elle.

Mademoiselle Gironde n'était pas contente, Amaury non plus.

La reine ne leur avait fait aucune confidence et s'était même cachée d'eux.

Et mademoiselle Gironde disait avec ironie :

— Les bohémiens ont ensorcelé notre bonne reine.

Amaury ne disait rien ; mais il eût volontiers planté sa dague dans la gorge de Michaël, l'homme qui se prétendait immortel.

Or, ce soir-là, la vieille femme embéguinée était encore revenue.

Elle n'avait fait que paraître et disparaître et murmuré rapidement quelques mots à l'oreille de la reine de Navarre.

Celle-ci, la vieille partie, avait mandé Amaury de Mirepoix.

— Mon mignon, lui avait-elle dit, apprête-toi à m'accompagner.

— Où cela, madame ?

— Tu le sauras plus tard.

Et Amaury s'était pris à soupirer.

— Qu'il te suffise de savoir, avait dit la reine, que vers deux heures de relevée nous monterons dans une barque.

— Bon !

— Et que cette barque tu dois te la procurer.

— Elle sera dans une heure sous les murs du Louvre, madame.

— Non pas, dit Marguerite, c'est inutile que le batelier sache qui je suis.

— Alors elle attendra au bas de l'église Saint-Germain.

— C'est cela même. Va.

Amaury ne savait où la reine voulait aller ; mais peu lui importait, du moment où il était du voyage, et la joie revint entièrement en son âme pleine de mélancolie depuis trois jours.

Amaury descendit donc au bord de l'eau, remonta la berge jusqu'au pont au Change et descendit sous le pont. Il y avait toujours là une dizaine de barques et de bateliers, car les seigneurs de ce temps-là ne dédaignaient pas du tout ce moyen de transport.

Mais, à cette heure avancée, les bateliers dormaient au fond de leurs bateaux, et Amaury n'en trouva qu'un seul éveillé.

Celui-là était un jeune homme, amoureux sans doute, et qui, au lieu de perdre son temps à dormir, rêvait mélancoliquement à l'objet aimé, en contemplant les étoiles. Amaury monta dans sa barque, lui mit la main sur l'épaule et lui dit :

— Au large, maraud !

Le jeune homme prit ses avirons en soupirant, et

comme s'il n'eût été qu'à demi satisfait d'être ainsi arraché à sa rêverie.

Le ciel était dégagé de nuages et il faisait un beau clair de lune.

Amaury, grâce à cette lumière, examina le batelier. C'était un beau jeune homme de vingt-cinq ans, aux cheveux blonds, au visage un peu triste, et dont une secrète amertume plissait la lèvre.

— Où allons-nous, messire? demanda-t-il.

La neuvième heure sonnait au beffroi de Saint-Germain-l'Auxerrois.

Amury avait donc une heure devant lui, et il n'était pas fâché de s'assurer de la fidélité et de la discrétion du batelier.

— Pousse toujours au large, dit-il. Le temps est doux, malgré la saison. La lune est belle, et je ne serais pas fâché de prendre l'air. Descends jusques au bas de l'île Notre-Dame, puis tu remonteras.

— De l'autre côté?

— Non, de celui-ci.

Le batelier obéit, et poussa un nouveau soupir.

— Tu n'as pas l'air content, mon camarade? dit Amaury.

— Les pauvres gens ne le sont jamais, dit tristement le batelier.

— Eh bien! une fois n'est pas coutume. Réjouis-toi, ce soir, car tu auras deux belles pistoles, au lieu d'une pièce de six deniers.

— Votre Seigneurie est généreuse, dit le batelier, mais ce n'est pas l'or qui rend heureux.

Amaury était tellement convaincu de cette vérité, qu'il soupira comme avait soupiré le batelier.

Puis, posant la main sur son épaule :

— Serais-tu amoureux, par hasard ?

Le batelier ne répondit pas, il baissa la tête, et Amaury vit une larme qui roulait lentement sur ses joues.

— Si tu es pris d'un amour malheureux, dit alors le chevalier de la reine de Navarre, confie-moi tes peines, mon garçon, je suis un homme de bon conseil.

Le pauvre batelier, le vilain, l'homme du peuple, leva les yeux sur le brillant seigneur.

Amaury était jeune, il était beau ; son sourire et sa voix mélancoliques avaient un charme mystérieux.

Et le batelier tout tremblant murmura :

— Votre Seigneurie peut elle s'intéresser aux peines d'un pauvre être chétif comme moi ?

— Tous les amoureux sont frères, dit Amaury.

— Ah ! fit le batelier ému.

— Comment te nommes-tu ?

— Landry.

— Et tu es amoureux ?

— Hélas ! monseigneur.

— Et la femme qui tu aimes t'est cruelle ?

Le batelier essuya une nouvelle larme.

— Conte-moi donc ton histoire.

Et Amaury mit sa main blanche et fine sur la main calleuse du batelier.

Celui-ci se sentit tellement encouragé qu'il n'hésita plus.

— Monseigneur, dit-il, je suis un enfant d'amour. J'ai été recueilli, voici vingt ans, par une nuit d'hiver, sous le porche de Notre-Dame, par une pauvre vieille femme qui est morte l'an dernier et que j'aimais comme ma mère.

A dix ans j'étais pêcheur, à quinze batelier.

Nous logions, ma mère adoptive et moi, dans la rue de la Truanderie, en un misérable grenier, sous les toits ; mais je gagnais honnêtement notre pain de chaque jour et j'étais heureux.

Voici que l'an dernier, un matin, comme je prenais l'air frais à ma fenêtre, j'aperçus en face de moi, de l'autre côté de la rue, une jeune fille si belle que je sentis à l'instant même que j'allais lui donner ma vie tout entière. Elle était habillée de futaine et n'avait ni peigne, ni épingles d'or dans sa chevelure.

Je me renseignai aux gens du quartier, et on me dit que c'était la Belle Drapière, la fille de Simon Lecoulteux, qui étale sa marchandise aux piliers des halles.

Ma mère était morte depuis deux mois.

A sa dernière heure, elle m'avait dit :

— Quand je ne serai plus, tu chercheras dans la paillasse de mon lit, et tu y trouveras vingt écus d'or que j'ai amassés en quarante années de travail.

Or, j'avais vingt écus d'or et je gagnais dix-huit deniers par jour, et les pauvres gens du quartier, qui savaient cela, avaient coutume de dire que je trouverais une femme quand la fantaisie m'en viendrait.

Alors, je m'en allai trouver Simon Lecoulteux et je lui dis :

— Je m'appelle Landry, je suis batelier, et toute la rue de la Truanderie vous dira que je suis un honnête garçon. J'ai une dot de vingt écus d'or. Voulez vous me laisser votre fille en mariage?

— La rendras-tu heureuse? me demanda le drapier.

— Aussi heureuse qu'une reine.

— Eh bien, me dit-il, si elle veut de toi, c'est une affaire faite.

Et je m'en allai, le paradis dans le cœur.

Le lendemain, je fus admis à faire la cour à Géromée.

— Ah! dit Amaury, elle se nomme Géromée?

— Oui, monseigneur.

— Et elle n'a pas voulu de toi?

— Oh! si fait bien, tout d'abord. Et même que nous devions nous marier aussitôt qu'elle aurait accompli sa seizième année.

— Alors pourquoi es-tu triste?

— Parce que Géromée qui m'aimait, ne m'aime plus.

— Mais que s'est-il donc passé?

— Pour sûr le diable lui a jeté un sort, comme vous allez voir, monseigneur.

L'époque de notre mariage approchait, et, chaque

soir, j'allais voir ma fiancée ; mais, à mesure que le temps s'écoulait, elle était plus froide, plus réservée à mon égard, et un jour, plein de douleur, je lui dis : Ne m'aimez-vous donc plus, Géromée.

— Je ne nie pas, me répondit-elle.

Et elle se mit à pleurer.

Je m'en allai fou de désespoir. Le lendemain, quand je revins, le drapier était seul au logis.

Il pleurait, lui aussi.

— Où est Géromée ? m'écriai-je.

— Partie, me répondit-il, en levant au ciel ses yeux pleins de larmes.

Et alors le pauvre homme me raconta que Géromée s'était enamourée presque subitement d'un beau capitaine qui rôdait depuis quelque temps à l'entour des halles et passait et repassait sous les pilliers dix fois par heure ; et ce soir-là, quand le bonhomme était revenu à son logis, il n'avait plus retrouvé sa fille.

— Et elle était partie avec le capitaine ?

— Oui, monseigneur.

— Comment l'appelles-tu donc, ce capitaine ?

— Fleur-d'Amour, monseigneur.

— Alors, console-toi mon garçon, Fleur-d'Amour a été pendu ce matin.

— Je le sais, monseigneur.

— Et Géromée te reviendra.

Landry secoua la tête.

— Il est vrai, dit-il, que l'on a pendu le capitaine

Fleur-d'Amour ce matin; mais les bohémiens l'ont ressuscité.

Amaury partit d'un éclat de rire.

— C'est comme je vous le dis, monseigneur, fit le batelier tristement.

Et il raconta à Amaury de Mirepoix la résurrection de Fleur-d'Amour telle qu'il l'avait vue la veille, le désespoir de la Périne, et la joie de Géromée qui était partie triomphante de l'*Ecu rogné*, au bras du beau capitaine.

— Bizarre! très-bizarre, tout cela, pensait Amaury qui songeait à Michaël et aux bohémiens, lesquels s'étaient emparés de l'esprit de Marguerite, la bonne reine de Navarre.

Puis, après un silence, et comme la barque venait de doubler le terre-plein de la cité, Amaury ordonna à Landry de descendre vers l'église Saint-Germain-l'Auxerrois.

Et comme ils approchaient et voyaient distinctement le beffroi de la vielle basilique se refléter dans l'eau resplendissante des rayons de la lune, Amaury dit encore :

— Moi aussi, je suis amoureux, et si je suis content de toi, tu verras, je te débarrasserai du capitaine Fleur-d'Amour contre lequel tu ne peux rien, toi vilain, n'étant pas un homme d'épée.

— Oh! monseigneur, dit Landry qui eut un éclair de haine jalouse dans les yeux, si vous faisiez cela, tout mon sang vous appartiendrait jusqu'à la dernière goutte.

— Je n'ai pas besoin de ton sang, mais simplement de ta discrétion.

Landry le regarda.

— Tu vas amarrer la barque sous les murs de l'église, continua Amaury de Mirepoix.

— Bien, monseigneur.

— Et tu attendras mon retour.

Landry s'inclina.

— Je ne reviendrai pas seul ; une dame masquée m'accompagnera, tu nous conduiras où elle te dira de nous conduire.

— Et puis ?

— Et tu ne parleras à âme qui vive de cette aventure.

— Je serai muet comme une tombe, monseigneur.

Amaury sauta lestement sur la berge et se perdit bientôt dans l'ombre de l'église.

Landry l'attendit environ une demi-heure.

Puis, il le vit revenir, donnant la main à une femme enveloppée dans un grand manteau et le visage couvert d'un masque de velours noir.

Et quand tous deux furent dans la barque, la dame dit au batelier.

— Tu vas remonter le courant. Quand il sera temps d'aborder, je te le dirai.

Le batelier poussa de nouveau au large.

Alors la dame et Amaury se tinrent à l'arrière de la

barque, et Landry les entendit causer dans une langue qui lui était inconnue.

La reine de Navarre et son chevalier s'exprimaient en patois béarnais, un idiome qui était familier à Amaury de Mirepoix depuis sa plus tendre enfance.

— Mais où allons-nous donc ? demandait-il.

— As-tu entendu parler de la Périne ?

— La belle ribaude, la maîtresse de François Cornebut ?

— Oui.

— Eh bien ! nous l'allons visiter.

— Oh ! madame, exclama Amaury scandalisé.

— La politique le veut ainsi, dit la reine. D'ailleurs un homme m'attend chez elle.

— Et... cet homme ?

— C'est Michaël le bohémien.

— Madame, madame, balbutia Amaury d'une voix étranglée, ces maudits-là ont donc jeté un sort à Votre Majesté ?

La reine eut un éclat de rire si froid et si moqueur qu'Amaury se mordit les lèvres.

— Mon mignon, dit-elle, c'est toi qui es fou !...

Amaury se renferma, dès lors, dans un silence farouche.

La barque remontait rapidement le courant.

Bientôt le palais de la Périne découpa nettement, sur la rive gauche, ses tourelles légères et ses clochetons mauresques sur l'azur du ciel.

— C'est là, dit la reine, en montrant le palais à Landry.

Le batelier tressaillit et fit, à la dérobée, un signe de croix.

— Tu m'attendras dans la barque, dit la reine à Amaury.

— Comment, madame, je n'entrerai pas avec vous?
— Non.
— Ah! madame, prenez garde!
— A quoi, mon mignon?
— Il me semble qu'il va vous arriver malheur.

La reine eut un nouvel éclat de rire.

Et comme la barque accostait, elle sauta lestement sur la berge, disant à Amaury :

— Mon doux chevalier, je vous défends de me suivre!...

XIII

Suivons maintenant le page Chilpéric à qui messire François Cornebut avait donné l'ordre de rechercher le capitaine Fleur-d'Amour que la Périne disait être vivant, et de le faire pendre de nouveau.

Lorsque Chilpéric avait été hors de cette salle étincelante de lumières, emplie de parfums pénétrants et dans laquelle il se sentait la poitrine oppressée et la tête lourde, il s'était mis à respirer bruyamment.

Puis, trouvant dans un corridor une fenêtre ouverte, il s'était mis à cette fenêtre, exposant son front brûlant au vent frais de la nuit.

Après quoi, il s'en était allé ; mais en homme qui observe tout minutieusement sur son chemin et se veut rendre compte des choses.

Or, tout ce qu'il avait vu lui paraissait quelque peu extraordinaire, et il trouvait que la Périne, même en admettant l'excuse de la jalousie, s'était bien vite réconciliée avec François Cornebut.

Et le page sortit du palais lentement, descendant l'escalier comme un conseiller du parlement dont la démarche est obligatoirement majestueuse, traversant les corridors et les salles en regardant sous le nez les varlets et les camérières, et faisant cette réflexion : qu'il lui semblait voir pas mal de nouveaux visages, à lui inconnus.

Au moment où il allait franchir la dernière porte, il aperçut un jeune homme d'une quinzaine d'années, d'un brun olivâtre, avec des cheveux crépus, des yeux ardents et des lèvres d'un rouge pourpre, les signes caractéristiques, en un mot, de la race bohême.

Ce jeune homme était vêtu en page et portait les couleurs insolentes de la Périne, laquelle, au temps de sa joie, et avant qu'elle s'affolât de Fleur-d'Amour, s'était composé un blason *d'or, au cœur sanglant percé d'une flèche enflammée.*

— Où diable ai-je déjà vu ce visage-là ? se demanda Chilpéric.

Et il mit la main sur l'épaule du page, qui le salua avec courtoisie.

— Pardon, lui dit Chilpéric, est-ce que vous appartenez à la Périne ?

— Oui, messire.

— Comment vous nommez-vous donc ?

— Nathaniel.

— Et depuis quand êtes vous au service de la Périne, continua Chilpéric.

— Depuis ce matin.

— A qui donc apparteniez vous auparavant ?

Et Chilpéric, regardant toujours le page, continuait à se demander où il l'avait déjà vu.

— Je n'appartiens à personne, répondit fièrement Nathaniel.

— Oh ! oh ! et pourquoi donc maintenant ?...

— C'est mon secret, dit le jeune homme.

— Peste ! murmura Chilpéric, vous le prenez d'un peu haut, mon camarade.

— Mille excuses, mais je suis libre de garder mes secrets.

— Ah ! ah ! vous ne savez probablement pas qui je suis ? dit Chilpéric, qui sentait une sourde colère monter de son cœur à ses lèvres.

— Parfaitement, répondit Nathaniel.

— Vous le savez ?

— Vous vous nommez Chilpéric, et vous êtes le favori de messire François Cornebut.

— Alors, drôle... gronda Chilpéric.

Mais il n'acheva pas. Un souvenir rapide comme l'éclair avait traversé son cerveau.

— Pardi ! fit-il, je savais bien que je t'avais déjà vu quelque part.

— C'est possible.

— Tu es un bohémien, et tu dansais sur la corde en place de Grève, à la porte de la taverne de l'*Écu rogné*.

— J'en conviens, dit froidement Nathaniel.

— Et te voilà page ?

— Comme vous voyez.

Chilpéric éclata de rire.

Cette ribaude, dit-il, a de singulières fantaisies.

Puis, d'un ton railleur et méprisant :

— Excuse-moi, mon garçon, et garde tes secrets ; ce n'est pas moi qui te voudrai jamais faire violence... un gentilhomme ne croise pas le fer avec un bohémien.

Et, riant toujours, Chilpéric s'en alla, accompagné, sans le savoir, par un regard de haine enflammé de Nathaniel le bohémien.

Seulement, une fois dans la rue, et les portes du palais refermées derrière lui, Chilpéric s'arrêta et se reprit à songer.

— Voyons, se dit-il, on ne pend pas les gens en pleine nuit et mieux vaut attendre le jour. J'ai quatre ou cinq heures devant moi pour trouver Fleur-d'Amour, faire éveiller Caboche et exécuter les ordres de mon doux seigneur, messire François Cornebut.

Réfléchissons donc un peu...

Chilpéric alla s'asseoir sur un banc de pierre, sous le porche d'une maison voisine.

La lune éclairait le milieu de la rue et la porte de l'hôtel de la Périne, mais la place où se trouvait Chilpéric restait dans l'ombre.

Le page avait l'esprit singulièrement logique, comme on va voir :

— Les bohémiens, pensait-il, ont ressuscité Fleur-d'Amour. A première vue, il est tout naturel que la Périne, reconnaissante, ait pris des bohémiens à son service, car ce Nathaniel n'est pas le seul et j'ai vu plus d'un visage brun, à ma sortie, qui fuyait mon regard.

Mais la Périne n'aime plus Fleur-d'Amour, elle le hait, au contraire, et demande à Cornebut qu'on le repende au plus vite.

Alors, au lieu d'être reconnaissante envers eux, la Périne doit, au contraire, haïr les bohémiens qui ont rendu Fleur-d'Amour à la vie pour la plus grande joie d'une autre femme.

Et cependant, la Périne s'est entouré de bohémiens.

Il m'est donc avis, acheva Chilpéric après un silence, que la Périne se moque de messire François Cornebut, mon seigneur et maître, et par conséquent de moi.

Mais si être mystifié plaît au vieux seigneur ena-

9.

mouré, cela me déplait à moi profondément, et rira bien qui rira le dernier, de la Périne ou de moi.

Chilpéric se leva et continua son chemin, dans la direction de la place de Grève, où il apprendrait certainement quelque chose de positif, touchant la résurrection de Fleur-d'Amour. Un quart d'heure après, il faisait son entrée dans la taverne de l'*Ecu rogné*.

Le couvre-feu était sonné depuis longtemps ; mais on peut dire, à la louange de François Cornebut, le prévôt farouche, qu'il se moquait de ce vieil édit, et qu'il ne tenait pas la main à ce que les cabaretiers imitassent les bourgeois qui, au coup de neuf heures, éteignaient feux et lumière, avec une scrupuleuse ponctualités.

On riait donc, on chantait, on se querellait comme la veille en la taverne de l'*Ecu rogné*, quand Chilpéric y fit son entrée.

C'étaient les mêmes buveurs, les mêmes ribauds, les mêmes filles de joie, les mêmes moines.

Celui à qui le diable avait promis un évêché n'était pas encore ivre, et il chantait à tue-tête un refrain grivois, ayant la Salamandre assise sur ses genoux.

— Hohé ! messeigneurs les ribauds et mesdames les ribaudes, dit insolemment Chilpéric en entrant, que le diable vous ait en sa garde et le bourreau en considération. Bonsoir ! qui d'entre vous me peut dire qu'il connaît une ribaude du nom de Géromée ?

La Salamandre regarda le page :

— Géromée, dit-elle, n'est point une ribaude.

— Ah bah ! fit Chilpéric, c'est donc une nonnette ?
— C'est une fille sage.
— Alors, vous ne la connaissez pas. Je vais voir ailleurs.
— Mon mignon, reprit Salamandre, nous connaissons Géromée pour l'avoir vue passer.
— Ah ! vraiment.
— Et nous parlons tous d'elle depuis l'histoire de ce matin.
— Quelle histoire ? demanda Chilpéric.
— La Périne a voulu la tuer à coups de couteau.
— Et c'est moi qui lui ai pris le bras et arraché le coutelas, dit le moine, qui suspendit un moment sa chanson. Pour peu que tu aimes Géromée, mon beau page, tu me dois un vrai cierge.
— J'irai l'allumer à ton couvent.
— Non, dit le moine, fais venir un broc de vin et paye l'écot, j'aime mieux ça.
— A boire ! dit Chilpéric.
Et il s'attabla.
Puis, regardant Salamandre qui s'attifait pour lui plaire :
— Et pourquoi donc la Périne a-t-elle voulu tuer Géromée.
— Parce que Géromée aime le capitaine Fleur-d'Amour.
— La belle avance pour elle ! dit Chilpéric. Fleur-d'Amour est mort.

— Et ressuscité ! dit Salamandre.

— Tarare ! murmura le page.

— C'est la vérité pure, dit le moine. Je l'ai vu.

— Vivant !

— Tout ce qu'il y a de plus vivant !

— Moi aussi, moi aussi ! dirent plusieurs ribauds.

Chilpéric se leva :

— Est-ce parce que vous avez affaire à un gentilhomme, tas de marauds, dit-il, que vous lui voulez montrer le soleil en pleine nuit ?

— Mon fils, dit le moine, je te jure par l'évêché que Satan m'a promis que nous disons la vérité.

— Mon mignon, ajouta Salamandre, la chose est certaine comme hier on a pendu Fleur-d'Amour.

— Parbleu ! dit Chilpéric, j'y étais.

— Puis, on l'a apporté mort ici, et on l'a couché sur cette table.

— Et puis ? demanda Chilpéric.

— Et puis, les bohémiens, qui sont des suppôts de l'enfer, l'ont ressuscité.

— Voilà ce que je voudrais voir, dit Chilpéric.

— Nous l'avons tous vu, dit Salamandre.

Chilpéric tira sa bourse qui était pleine d'or.

— Je paye à boire à tout le monde si vous me montrez Fleur-d'Amour vivant.

— Ce que tu demandes là est difficile, mon fils, observa le moine.

— Pourquoi donc ?

— Fleur-d'Amour est très-aimé. Les ribauds le tutoient, car il n'est pas fier, quoiqu'il soit homme d'épée, et les ribaudes sont toutes folles de lui, tant il est joli garçon.

— Eh bien ! en quoi cela vous empêche-t-il de me le montrer? demanda Chilpéric.

Salamandre lui prit la tête à la main et lui mit un baiser au front :

— Tu es un amour de page, dit-elle, mais tu ne parviendras pas à ton but.

— Que veux-tu dire ?

— Nous te connaissons tous ici.

— Ah ! vous me connaissez?

— Tu es Chilpéric, le page de Cornebut, et tu sais aussi bien que nous, mon mignon, que Fleur-d'Amour est ressuscité.

— Eh bien ?

— Si nous te disions où il est, tu t'en irais avec deux archers et tu le ferais arrêter, et on le rependrait demain matin.

Chilpéric se mordit les lèvres; mais il ne se rebuta point.

— Ce que vous dites là, dit-il, n'a pas le sens commun.

— Voyez-vous ça, ricana Salamandre.

— Le page est malin, grommela le moine.

— Et je vais vous le prouver, ajouta Chilpéric. Pourquoi messire François Cornebut, mon noble maître, a-t-il fait pendre Fleur-d'Amour ?

— Parce que la Périne s'en était affolée, répliquèrent les ribauds.

— Mais ne dites-vous pas vous-mêmes que Fleur-d'Amour n'aime plus la ribaude ?

— C'est vrai.

— Et qu'il aime Géromée ?

— Oui, certes.

— Alors messire François Cornebut n'a plus de raison d'être jaloux de lui.

— Tiens, c'est vrai, dit le moine, il a raison le damoiseau !

— Et par conséquent, il ne le fera point pendre une seconde fois, continua Chilpéric. Vous voyez donc bien que vous me pouvez dire où est Fleur-d'Amour.

Mais la Salamandre hocha la tête.

Tout ce que tu dis là, mon mignon, fit-elle, est parfaitement juste en apparence ; mais je ne m'y fie pas pour mon compte.

— Bah ! fit Chilpéric, alors personne ne boira.

Et il remit sa bourse dans sa poche.

Les ribauds murmurèrent.

— Ecoute, reprit Salamandre, je te vais proposer une chose.

— Parle...

— Veux-tu te laisser bander les yeux ?

— Moi ! fit le page.

— Et me donner la main. Nous nous en irons par les rues, accompagnés de quatre hommes, de ceux qui sont ici, et tu ne sauras pas où on te conduit.

— Fort bien, après ?

— Si en chemin tu fais mine de nous échapper, ou d'appeler les gens du guet à ton aide, on te plantera une dague entre les deux épaules.

— Et tu me conduiras en la maison où est Fleur-d'Amour ?

— Sur-le-champ, dit Salamandre.

— C'est bien, j'y consens, dit Chilpéric.

Et il tira de sa poche un mouchoir rouge qu'il tendit à Salamandre.

Celle-ci le lui mit sur les yeux et le noua fortement derrière la tête.

Puis un ribaud, voulant s'assurer qu'il ne voyait pas au travers, prit un pot de vin et fit mine de vouloir le lui casser sur la tête.

Chilpéric ne broncha pas.

Alors le moine lui détacha le ceinturon de son épée.

— Que faites vous donc ? exclama Chilpéric.

— Nous te désarmons, mon mignon, dit Salamandre, c'est à prendre ou à laisser.

— Comme vous voudrez, dit Chilpéric.

Et il tendit la main à la Salamandre.

La ribaude prit cette main et lui dit :

— Viens ! nous avons un bout de chemin à faire.

Elle fit un signe à trois des ribauds et au moine, et tous quatre la suivirent.

Ils sortirent ainsi du cabaret, les ribauds et le moine escortant Salamandre, qui menait par la main le page privé de ses yeux. Puis, laissant la Grève, ils entrèrent dans ce dédale qui l'avoisinait et, pendant une demi-heure, ils tournèrent et retournèrent en tous les sens, de façon que Chilpéric ne pût se rendre aucun compte de l'endroit où on le conduisait.

Chilpéric se laissait faire, du reste, avec une grande patience, et tout en marchant il se disait :

— Ces pauvres gens ne savent donc pas que nous avons au Châtelet une demi-douzaine d'archers qui en remontreraient pour le flair et la ruse aux meilleurs limiers de la meute du roi.

Quand j'aurai vu Fleur-d'Amour, et que je serai bien convaincu que la Périne nous a dit vrai, à messire Cornebut et à moi, je m'en reviendrai au Châtelet et je leur dirai : « Cherchez, mes beaux, cherchez. »

Et ils partiront comme de vrais chiens de chasse, et en quelques heures ils auront retrouvé Fleur-d'Amour.

Cependant, à force de revenir sur leurs pas, d'aller à droite et à gauche, Salamandre pensa qu'elle avait suffisamment embrouillé l'écheveau et elle finit par s'arrêter, disant :

— C'est ici.

— Ah ! ah ! dit Chilpéric, ôtez-moi alors mon bandeau.

— Pas encore, mon mignon.

Chilpéric entendit le bruit d'une porte qui s'ouvrait.

Puis on lui fit faire trois pas encore et la porte se referma.

— Maintenant, lui dit la Salamandre, tu peux ôter ton bandeau.

Chilpéric arracha le mouchoir ; mais il ne fut pas plus avancé, et ses yeux se rouvrirent au milieu de ténèbres épaisses. Les ribauds et le moine étaient restés en dehors, et le page se trouvait seul avec Salamandre.

Celle-ci lui fit faire quelques pas encore.

Puis, il rencontra les marches d'un escalier et monta.

Tout à coup, il entendit rire et chanter.

— Qu'est-ce que cela ? fit-il.

— C'est le capitaine qui célèbre ses fiançailles avec Géromée, dit Salamandre.

— Ils ne sont donc pas seuls ?

— Oh ! non, dit Salamandre, ils ont des amis et des parents, et le prêtre qui les doit bénir est du repas.

Et Salamandre, parlant ainsi, ouvrit une porte et un flot de clarté vint frapper Chilpéric au visage. Alors, il s'arrêta tout étourdi sur le seuil d'une petite salle qui était pleine de monde, et au milieu de laquelle une table était encore chargée des débris d'un festin grossier.

Les convives étaient des bourgeois, des marchands, des gens de petit état.

Mais Chilpéric ne les vit pas tout d'abord.

Il ne vit que le capitaine Fleur-d'Amour, lequel était non-seulement vivant, mais paraissait de belle humeur.

Puis, il regarda la jeune fille qui s'appuyait au bras du beau capitaine, et il tressaillit des pieds à la tête.

La Périne, la belle ribaude, était laide auprès de Géromée, et Chilpéric sentit qu'un incendie s'allumait subitement dans son cœur.

XIV

Le beau capitaine, Fleur-d'Amour, aimait Géromée, la fille du drapier ; et la fille du drapier l'aimait.

Sans expliquer comment cet homme qui avait été pendu le matin, était joyeux le soir et célébrait le verre en main ses fiançailles, il nous suffira de raconter en quelques mots ce qui s'était passé.

Tandis que la Périne s'évanouissait, le matin, dans la taverne de l'*Écu rogné*, en voyant la belle drapière dans les bras du capitaine, les bohémiens avaient fait cercle autour des deux jeunes gens, et la sorcière avait dit au capitaine :

— Nous venons de te rappeler à la vie, mon doux seigneur, mais s'il prenait fantaisie à Caboche de te reprendre, nous n'aurions peut-être pas le même bonheur.

L'enfer vient de t'aider, mais il faut que tu t'aides un peu, toi aussi.

En effet, l'heure présente était pleine de dangers. Les archers pouvaient revenir, messire François Cornebut pouvait apprendre que Fleur-d'Amour n'était pas mort et donner de nouveaux ordres.

Il fallait donc mettre Fleur-d'Amour en sûreté.

Carapin ferma sa taverne, et on ne laissa plus entrer personne.

Puis, la vieille bohémienne dit à Fleur-d'Amour :

— L'air de Paris ne te vaut rien en ce moment, et tu ferais bien de t'en aller le plus loin possible.

Géromée jeta un cri de douleur, et enlaçant de ses bras le cou du capitaine, elle lui dit :

— Où que tu ailles, je te suivrai.

Un pareil dévouement méritait une récompense.

— Veux-tu être ma femme? lui demanda Fleur-d'Amour.

— Si je le veux! répondit-elle.

— Et je vous donnerai la bénédiction nuptiale, dit le moine avec gravité.

La vieille bohémienne haussa les épaules.

— S'il en est ainsi, dit-elle, vous serez joliment mal mariés, mes enfants.

— Tais-toi, sorcière, ou je t'exorcise! dit le moine.

Mais on ne s'occupa plus de lui.

— Écoutez, mes enfants, reprit la bohémienne, je sais une maison où les archers ne viendront pas vous chercher et où vous pourrez attendre une occasion favorable de quitter Paris.

— Où est cette maison, demanda Fleur-d'Amour.

La sorcière échangea avec Carapin un regard d'intelligence et celui-ci souleva aussitôt la trappe qui recouvrait, dans un coin de la taverne, l'escalier de la cave.

Puis, s'adressant à Géromée, la sorcière dit encore :

— Toi, ma mignonne, rentre en ton logis. Tu reviendras ici ce soir, et nous te conduirons à l'endroit où nous allons conduire Fleur-d'Amour.

Géromée ne voulait pas se séparer du beau capitaine ; mais celui-ci la persuada aisément en lui jurant qu'il l'épouserait, et en lui disant que besoin était, pour elle, de se réconcilier avec son père, le drapier, et d'obtenir son consentement.

Géromée consentit donc à s'en aller.

Alors la sorcière prit Fleur-d'Amour par la main, et lui dit :

— Suis-moi.

Elle avait allumé une lanterne et marchait la première, tous deux descendirent dans la cave, passèrent au milieu des futailles et des rangées de bouteilles et de brocs et arrivèrent ainsi jusqu'à un mur sur lequel la sorcière frappa trois coups avec le poing.

Alors le mur s'entr'ouvrit.

C'est-à-dire qu'une porte mystérieuse qui avait la couleur grisâtre de la pierre et se confondait avec le reste de la voûte, tourna sans bruit sur ses gonds invisibles et démasqua un autre escalier.

Celui-là remontait dans une des maisons du voisinage et aboutissait dans le corridor où quelques heures plus tard, Salamandre, la ribaude rousse, devait amener Chilpéric les yeux bandés, après lui avoir fait faire mille détours dans les rues environnantes.

Pendant ce temps, Géromée quittait la taverne de l'*Ecu rogné* et s'en retournait dans la rue de la Truanderie où son père logeait.

Le vieux drapier n'avait point vu sa fille depuis le jour où elle s'était enfuie avec le beau capitaine.

L'enfant prodigue qui revient est toujours bien reçu.

Le bonhomme se mit à pleurer, embrassa sa fille et consentit à tout ce qu'elle lui demandait.

La journée se passa à inviter mystérieusement les amis et les parents à un repas de fiançailles dans une maison qu'on ne pouvait indiquer sur-le-champ, mais qu'on désignerait, l'heure venue, à chaque convive.

Or, alors comme aujourd'hui, le peuple avait la haine des grands ; Cornebut avait fait pendre Fleur-d'Amour, et Fleur-d'Amour ressuscité avait pour amis tous les pauvres gens du quartier, et parmi eux, il ne se serait pas trouvé un traître pour aller dénoncer aux autres le lieu de sa retraite.

En même temps, les bohémiens avaient préparé la fuite des futurs époux.

Un marchand fourreur, qui quittait Paris deux fois par an pour les besoins de son commerce, en compagnie de sa femme et de deux varlets, obtenait des échevins un sauf-conduit, grâce auquel il sortait de la capitale, traversait sans encombre l'Ile-de-France et arrivait dans les Flandres.

Les bohémiens lui avaient acheté son sauf-conduit ; puis, ils avaient décidé Fleur-d'Amour à couper, quand le moment du départ serait venu, ses longs cheveux et sa barbe, apanages de l'homme d'épée, et à se donner l'apparence d'un bourgeois.

Le repas terminé, un prêtre devait unir Fleur-d'Amour et Géromée, et le lendemain soir, ils devaient partir, munis du sauf-conduit acheté au marchand fourreur. C'était donc au milieu des parents et des amis de la belle drapière que Salamandre la ribaude amenait Chilpéric, l'âme damnée de François Cornebut.

L'apparition du page causa une vague épouvante à tous ces bourgeois timides.

Mais Chilpéric ne voyait plus que Géromée et paraissait changé en statue.

Ce page narquois, effronté, insolent n'avait jamais aimé personne, et tout à coup il sentait un ouragan de convoitise s'allumer dans son âme, et Géromée lui apparaissait comme la femme qu'il avait toujours cherchée jusque-là sans jamais la rencontrer.

Muet, l'œil ardent, la sueur au front, il la regardait et semblait se dire :

— Que viens-je donc faire ici, et pourquoi donc tout ce monde entre elle et moi ?

Et certes, si Salamandre ne se fût chargée de le leur apprendre, ni Géromée, ni les bourgeois, ni le capitaine Fleur-d'Amour n'eussent pu dire ce que venait faire en ce lieu le page du terrible prévôt des archers.

Mais Salamandre leur dit :

— Mes amis, je vous amène messire Chilpéric, que vous connaissez tous, et qui ne voulait pas croire que le capitaine Fleur-d'Amour fût ressuscité. Mais n'ayez crainte, je l'ai amené les yeux bandés, et il ne sait pas où il est.

— De quoi te mêles-tu donc, ribaude? fit le capitaine.

Chilpéric s'arracha enfin à sa contemplation et parut sortir d'un rêve.

— Cela est vrai, balbutia-t-il. Capitaine Fleur-d'Amour, je vous fais tous mes compliments.

Le drôle savait triompher assez rapidement de ses émotions. Il se prit à sourire et ajouta :

— Salamandre a pris avec moi une précaution bien inutile, je vous jure. Je suis gentilhomme, mes bons amis, et ce n'est pas moi qui trahirai jamais le capitaine Fleur-d'Amour. Ainsi donc, buvez, riez, chantez, et soyez heureux !

Et Chilpéric, qui attachait toujours un ardent regard sur Géromée, fit un pas de retraite.

Mais Fleur-d'Amour, lui posant une main sur l'épaule, lui dit :

— Tu ne t'en iras pas ainsi, ami Chilpéric ; car nous étions amis autrefois, n'est-ce pas ?

— Nous le sommes toujours, dit Chilpéric.

Et il tendit la main à Fleur-d'Amour avec une telle franchise dans le geste et le sourire que le capitaine s'y trompa.

— Puisqu'il en est ainsi, reprit le capitaine, reste avec nous et bois à la santé de ma fiancée.

Et il lui tendit son propre verre.

— Volontiers, dit Chilpéric.

Il prit le verre et le vida d'un trait en saluant Géromée.

Puis, il se mit à table avec tous ces gens de petit état, tous très-flattés évidemment de faire ripaille avec un gentilhomme.

Salamandre se plaça auprès de lui; mais elle échangea un regard furtif avec la vieille bohémienne qui était de la fête.

Et la fête recommença de plus belle, et on apporta du vin et des mets nouveaux sur la table.

Chilpéric riait, Chilpéric buvait, Chilpéric se moquait de son vieux seigneur, François Cornebut, et il vint un moment où il dit à Fleur-d'Amour :

— Tu n'as plus besoin de trembler, camarade, et je te jure que ce n'est pas Cornebut qui te fera pendre.

— Je ne m'y fie pas, dit Fleur-d'Amour.

— Tu t'y fieras quand je te dirai d'où je viens.

Et alors, Chilpéric raconta que le vieux seigneur, de plus en plus enamouré de la Périne était allé chez elle, ce soir-là même, en sa compagnie, et que la ribaude, folle de jalousie et de colère, lui avait dit : « Je vous aimerai et je vous serai fidèle, si vous faites pendre Fleur-d'Amour une seconde fois. »

— Et qu'a répondu Cornebut ? demanda Fleur-d'Amour.

— Il s'est mis à rire, disant : « Du moment que tu n'aimes plus Fleur-d'Amour et que Fleur-d'Amour ne t'aime plus, je ne vois pas pourquoi je priverais le roi des services d'un bon soldat comme lui. »

— Ah ! Cornebut a dit cela ?

— Foi de gentilhomme, répondit Chilpéric, qui se parjurait à l'occasion comme le dernier des vilains.

Et il tendit de nouveau la main à Fleur-d'Amour.

Puis, s'adressant à Salamandre :

— Donne-moi donc à boire, toi, dit-il.

Salamandre prit un broc de vin des mains de la bohémienne et emplit jusqu'au bord le hanap que Chilpéric vida d'un trait.

— C'est égal, dit Fleur-d'Amour, à moins que Cornebut ne m'envoie des lettres de grâce et d'abolition...

— Je te les apporterai demain.

— Vrai !

— Je te le jure.

Et Chilpéric se disait :

— Il me faut Géromée. Je brûlerais plutôt Paris que de ne la point posséder. Or, pour cela, il y a deux choses bien simples à faire : empêcher d'abord qu'elle ne parte avec Fleur-d'Amour, et ensuite, faire arrêter et brancher ce dernier le plus tôt possible.

— Mon mignon Chilpéric, dit Salamandre, le capitaine Fleur-d'Amour te croit sur parole.

— Et il a raison, dit Chilpéric.

— Mais moi, qui ne suis qu'une ribaude, poursuivit Salamandre, je suis plus défiante.

— Tu as tort, ma belle.

— Soit, mais c'est ainsi. Tu promets des lettres d'abolition à Fleur-d'Amour ?

— Oui.

— Et tu les lui donneras demain ?

— Je les ferai signer à Cornebut aussitôt qu'il sortira de chez la Périne.

— Eh bien ! reprit Salamandre, tu t'en iras d'ici comme tu y es venu, les yeux bandés.

— Je le veux bien, dit Chilpéric.

— Et quand tu auras ses lettres d'abolition, tu me les apporteras.

— A toi ?

— Oui, mon mignon.

— Et qu'en feras-tu ?

— Je les ferai tenir à Fleur-d'Amour, qui, alors, se pourra promener dans les rues de Paris en plein soleil.

— A moins qu'il ne pleuve, dit Chilpéric en riant; mais donne-moi donc à boire, ribaude.

Et le page, que l'ivresse commençait à étreindre, tendit de nouveau son verre.

Salamandre le remplit.

— Sais-tu que ta fiancée est belle comme le jour, capitaine, dit le page, attachant sur Géromée un regard lubrique devant lequel la Belle Drapière baissa les yeux.

— Et elle m'aime! dit Fleur-d'Amour tortillant sa moustache avec fatuité.

— Je te la joue aux dés.

Et le page, de plus en plus ivre, eut un rire insolent.

Un éclair de colère jaillit des yeux de Fleur-d'Amour.

— Si tu veux la jouer, dit-il, c'est à ce jeu-là.

Et il mit la main sur la coquille de sa rapière.

— Volontiers, dit encore le page.

Et il se leva pour dégaîner, tandis que Géromée poussait un cri de terreur.

Mais soudain il trébucha, et dit d'une voix étrange :

— Pourquoi donc la table tourne-t-elle?

— Parce que tu es ivre, répliqua Salamandre.

— C'est bien possible... balbutia Chilpéric ; tiens, maintenant, c'est moi qui tourne.

Et au lieu de tirer son épée, il s'affaissa lourdement sur le sol et ferma les yeux en murmurant :

— C'est égal, Géromée est trop belle pour un soudard comme Fleur-d'Amour. C'est moi qui l'épouserai!...

Et après ces mots, on entendit un ronflement sonore.

— Je lui ai fait boire d'un vin qui ne pardonne pas, dit alors la bohémienne.

— Mes enfants, reprit Salamandre, je vais vous donner un bon conseil.

— Parle, ma mignonne, dit la bohémienne.

— Quand un laboureur trouve une mauvaise herbe sur le chemin de sa charrue, il l'arrache.

— Que veux-tu dire?

— Chilpéric est une mauvaise herbe. Je ne l'ai amené ici que pour vous en débarrasser.

— Ah! ah!

— Fleur-d'Amour, prends donc ta dague, et fais-l i un fourreau du corps du page.

— Bah! répondit Fleur-d'Amour, tu te railles de moi, ribaude. Je n'ai jamais frappé un homme à terre, et je ne commencerai pas aujourd'hui.

— Tu t'en repentiras peut-être un jour.

— Peu m'importe! dit Fleur-d'Amour, je suis un soldat et non un estafier.

— Comme tu voudras, dit Salamandre, en soupirant.

Puis, elle se leva et alla ouvrir la fenêtre.

Les deux ribauds et le moine étaient restés dans la rue.

— Hé! montez donc, vous autres; leur cria la ribaude.

Puis, elle ajouta, s'adressant au moine:

— Montez donc, mon père, il y a un broc de vin tout plein qui vous attend.

Le moine et les ribauds montèrent.

Alors, tandis que le premier s'attablait en faisant claquer somptueusement sa langue, les deux autres, sur un signe de Salamandre, prirent Chilpéric endormi et le chargèrent sur leurs épaules.

— Portez-le donc au bord de l'eau, dit-elle, en bas de la Grève, le grand air lui fera du bien.

. . . .

Les ribauds s'en allèrent, emportant Chilpéric ; mais, chose bizarre ! Chilpéric rouvrit aussitôt les yeux.

— Bonnes gens ! dit-il, qui s'imaginent que les vins mélangés de narcotique ont prise sur moi longtemps. Je m'éveille juste à temps pour savoir d'où je sors, et Fleur-d'Amour sera pendu avant le lever du soleil.

Et tandis que les ribauds croyaient avoir un corps inerte sur leurs épaules, Chilpéric regardait autour de lui et se rendait compte des rues par lesquelles on le portait.

Les ribauds descendirent vers la Grève et déposèrent le page au bord de l'eau.

Chilpéric s'était remis à ronfler.

Il demeura là étendu et sans mouvement, jusqu'à ce que les ribauds se fussent éloignés.

Alors, se redressant et s'assurant que sa dague pendait toujours à son flanc :

— Le capitaine Fleur-d'Amour et ses amis, se dit-il, sont dans la maison qui fait le coin de la rue du Malthôt, derrière la taverne de l'*Écu rogné*.

Il regarda le ciel, dont un coin lui apparaissait au travers du brouillard.

— Le jour est loin encore, se dit-il. J'ai le temps

d'aller retrouver messire Cornebut, mon seigneur et maître. A cette heure, Fleur-d'Amour a avec lui de hardis compagnons avec lesquels trois ou quatre archers et moi nous n'aurions pas beau jeu.

Mais quand nous serons revenus au Châtelet, je prendrai trente hommes avec moi et nous ferons de belle besogne. Je vais toujours, en passant, prévenir mon ami Caboche.

Et Chilpéric se mit en route, suivant le bord de l'eau, en amont.

Caboche demeurait dans cette direction, à quelques pas de la Grève, théâtre ordinaire de ses exploits sinistres, et Chilpéric, allant rejoindre Cornebut chez la Périne, ne se dérangeait pas de son chemin en passant prévenir le bourreau qu'il aurait de l'ouvrage le lendemain matin...

XV

Entre ce qu'on appelait alors le port au Blé et la place aux Veaux, tout au bord de la Seine, se dressait une maison solitaire dont les murs étaient peints en rouge.

Le marinier qui passait au large en chantant interrompait sa chanson quand il l'apercevait ; le passant faisait un détour pour n'en point approcher.

C'était la maison du bourreau.

Le jour, elle paraissait déserte ; la nuit, on voyait de la lumière jusqu'à l'aube derrière les vitres de papier huilé qui garnissaient les fenêtres.

C'était là que, depuis un siècle et demi, les Caboche vivaient de père en fils.

Le dernier, celui que nous avons vu, homme encore jeune, assez beau et de mine mélancolique, n'avait ni femme ni enfants.

Il vivait seul, et les bonnes gens du quartier prétendaient qu'il entretenait un mystérieux commerce avec le diable.

Caboche était triste chaque fois qu'il exerçait ses redoutables fonctions.

Quand il avait rompu vif un patient, il rentrait chez lui et se mettait au lit. Il était malade.

La nuit, il veillait, et son laboratoire, car il était chirurgien comme tous ses parents, demeurait éclairé jusqu'au jour.

Le bruit avait même couru parmi le populaire qu'il se livrait, avec les cadavres des suppliciés, à des expériences infernales et qu'il espérait trouver dans un certain mélange de sang humain et de certains minéraux, cette pierre philosophale que les alchimistes poursuivaient sans jamais l'atteindre.

Ce qui avait donné lieu à cette rumeur, c'était la visite d'un personnage mystérieux qui se présentait à la porte de Caboche le soir de chaque exécution.

Était-ce un gentilhomme, un bourgeois, un homme du parlement ou un alchimiste ?

Nul n'aurait pu le dire.

Il était enveloppé dans un grand manteau qui tombait sur ses talons, et il avait toujours un masque sur le visage.

Il arrivait ordinairement un quart d'heure après le couvre-feu, en litière, et laissait sa litière à la porte.

Puis, quand il ressortait, on prétendait qu'il plaçait à côté de lui dans la litière un volumineux paquet, et l'on disait que c'était le corps du supplicié qu'il venait d'acheter.

Or, ce soir-là Caboche, seul comme de coutume, était plus triste encore qu'à l'ordinaire.

Le matin, après avoir pendu Fleur-d'Amour et restitué son corps à la Périne, il était rentré chez lui et n'était plus sorti.

Un de ses aides lui avait préparé ses aliments pour la journée; puis, le bourreau l'avait congédié en lui disant :

— Tu peux te dispenser de revenir ce soir.

— Pourquoi cela, maître ?

— Mais parce que nous n'avons pas de cadavre, puisque j'ai rendu le corps du capitaine.

— Ah ! c'est juste, mais l'*homme* viendra.

— Eh bien ! je le renverrai. Là où il n'y a rien, le roi perd ses droits.

— C'est bien sûr.

Et le varlet de Caboche s'en était allé.

Caboche avait à peine bu et mangé ; puis il s'était assis en la salle la plus noire de son logis, et, la tête dans ses mains, il s'était abîmé en une rêverie profonde.

Peut-être se repentait-il d'avoir pendu Fleur-d'Amour et de n'avoir point accepté les offres de la Périne.

Le souvenir de la belle ribaude le poursuivait, et son nom vint plusieurs fois errer sur ses lèvres durant cette journée de tristesse et de noire mélancolie.

Il avait fini par s'accouder à une fenêtre de son logis qui donnait sur la rivière et il suivait d'un regard distrait les barques qui descendaient ou remontaient le fleuve, quand le second de ses varlets, celui qui ne venait jamais le voir que pour prendre ses ordres, arriva en courant.

Caboche alla lui ouvrir et crut que cet homme lui apportait un ordre d'exécution quelconque.

Mais le varlet qui paraissait essoufflé et hors de lui, s'écria.

— Ah ! maître, maître, si vous saviez ce qui est advenu !

— Qu'est-il donc advenu ? demanda Caboche.

— Fleur-d'Amour n'est pas mort.

— Allons donc !

Et le bourreau eut un sourire d'incrédulité.

— Le diable l'a ressuscité, dit encore le varlet.

— Je crois plutôt, répliqua Caboche, que le diable t'a rendu fou, mon camarade. Quand j'ai décroché le capitaine, il était mort, bien mort. Je le jurerais par la Vierge et tous les saints du paradis.

— Alors, dit le varlet, si vous ne voulez me croire, venez avec moi.

— Où donc ?

— Je vous mènerai par la ville, et cent personnes vous raconteront ce que je vous dis.

Le varlet parlait avec un tel accent de conviction que Caboche se décida à l'écouter attentivement.

Alors celui-ci lui fit un récit fidèle de cette résurrection miraculeuse dont il était bruit dans tout Paris.

Caboche, étonné, s'écria enfin :

— Ce sera la première fois qu'un homme sera sorti vivant de mes mains. Je veux voir si tu n'as point perdu l'esprit.

Il prit sa cape et son manteau et sortit de son logis avec son varlet.

Ils s'en allèrent d'abord à la taverne de l'*Écu rogné*, où maître Escapin leur fit un récit à peu près semblable à celui du varlet.

Seulement, l'hôtelier se garda bien de leur dire la vérité tout entière.

Au lieu d'indiquer à Caboche la retraite de Fleur-d'Amour, il lui affirma que celui-ci était sorti de la taverne au bras d'une jeune fille appelée Géromée.

Seulement, il ajouta :

— Je ne crois pas beaucoup au diable, mon maître,

et je crois bien que si l'on a ressuscité Fleur-d'Amour, c'est qu'il n'était pas mort.

Mais Caboche soutint qu'il n'avait rendu qu'un cadavre.

Il se promena ainsi dans tous les environs de la Grève, et partout on lui dit la même chose.

Alors Caboche congédia de nouveau son varlet et reprit tout pensif le chemin de sa maison ; mais il marcha lentement, à petits pas, s'arrêtant de temps à autre, et comme il arrivait au port au Blé, il vit un flot de populaire qui entourait une vieille femme avec empressement.

Cette femme était une bohémienne, non pas celle que nous avons déjà vue à la taverne de l'*Ecu rogné*, mais une autre de la même tribu.

Pour un denier, elle vous regardait dans la main et vous disait la bonne aventure.

Caboche s'approcha.

Alors les assistants reculèrent avec effroi, tant était grande la répulsion qu'il inspirait.

Seule, la bohémienne ne bougea pas et lui dit :

— Que désirez-vous donc, monseigneur ?

— Je ne suis pas un seigneur, dit brusquement Caboche, je suis le bourreau.

— Alors vous êtes le seigneur de la mort. Que désirez-vous ?

— Te consulter.

— Donnez-moi votre main, alors.

— La voilà.

La bohémienne examina la main du bourreau, et lui dit :

— Vous avez la fièvre, votre sang est agité, vos nerfs tressaillent.

— Eh bien?

— Je ne puis lire dans les lignes de votre main, tant que vous serez en cet état.

— Ah! fit Caboche.

— Revenez me voir un autre jour. Je loge en la rue de la Mortellerie, *au Veau qui tette,* vous demanderez Moïna, la fille bohême.

— Pourquoi ne viendrais-tu pas chez moi? fit Caboche.

— Quand?

— Ce soir.

— Je ne le pourrai pas, monseigneur, mais je vous enverrai ma fille, si vous le voulez, qui est aussi habile que moi, en la science de l'avenir.

— Soit, dit Caboche, à quelle heure?

— A minuit.

— Tu diras à ta fille qu'elle frappe trois coups à la porte du bord de l'eau.

— Oui, monseigneur.

Et Caboche continua son chemin.

En ce moment, Caboche ne songeait pas à la Périne; une autre idée le préoccupait bien autrement.

Caboche le tortionnaire, Caboche qui brisait à coups

de barres de fer les membres d'un homme, Caboche avait peur.

Il avait peur, parce que Fleur-d'Amour n'était pas mort, et que messire François Cornebut, le terrible prévôt, pourrait bien le punir cruellement et peut-être même le révoquer de ses fonctions, ce qui était son droit.

Et, en s'approchant de la bohémienne, Caboche avait voulu savoir s'il ne lui arriverait pas malheur...

Caboche était donc rentré chez lui, et il avait attendu. La nuit était venue, sombre et noire; puis, la soirée s'était avancée, et Caboche comptait les heures qui sonnaient une à une au beffroi des églises voisines, et comme minuit approchait, on frappa à sa porte.

Caboche descendit ouvrir.

C'était la bohémienne annoncée.

Elle entra et rejeta le capuchon qui lui couvrait le visage; et Caboche demeura muet d'étonnement et d'admiration.

Il avait devant lui une jeune fille de seize ans peut-être, plus belle que la Périne elle-même, et qui se prit à lui sourire en disant :

— Les gens de ma tribu disaient que je n'oserais pas venir chez le bourreau; mais je suis venue, comme vous voyez.

Caboche la prit par la main, elle ne trembla pas et le suivit.

Il la conduisit ainsi en son laboratoire où elle regarda sans pâlir tous les instruments de torture.

— Comment te nommes-tu, la belle enfant ? demanda Caboche qui ne cessait de la regarder.

— Pepa, pour vous servir.

— Tu es Espagnole ?

— Oui, monseigneur.

— Et tu dis la bonne aventure ?

— Je prédis l'avenir et ne me trompe jamais.

— Eh bien ! dit Caboche, prends ma main, et dis-moi si un grand malheur ne me menace pas ?

Pepa prit la main du tortionnaire et tressaillit.

— Oui, dit-elle, un grand malheur vous menace.

Caboche pâlit.

— Votre âme sera torturée, poursuivit la bohémienne, comme vous torturez le corps des patients.

— Suis-je donc en mal de mort ?

— Non, dit-elle, en mal d'amour.

Et comme il passait la main sur son front, et reprenant un peu d'assurance, se mettait à rire en disant : « L'amour ne me fait pas peur ; » la bohémienne reprit :

— Vous aimerez une femme, et cette femme vous serez condamné à la rompre vive...

Caboche étouffa un cri ; mais le sourire revint à ses lèvres.

— Oh ! dit-il, François Cornebut et François le roi de France, qui sont tout-puissants, ne sauraient me forcer à remplir mon métier le jour où cela ne me plaira point.

Mais la bohémienne continuait à regarder la main du bourreau, et, tout à coup, une pâleur mortelle se répandit sur son visage, et elle étouffa un cri :

— Qu'est-ce encore ? demanda Caboche ému.

— Cette femme, je la vois.

— Ah !... et cette femme ?...

— C'est moi ! dit Pepa, dont la tête retomba sur sa poitrine, comme si, un moment, la vie se fût retirée de son corps.

Mais Caboche éclata de rire.

— Tu es, certes, assez gentille et mignonne pour que je t'aime, mon enfant, dit-il ; mais, sois tranquille, je romprais plutôt les os du prévôt que toucher à un de tes cheveux.

Et il voulut l'embrasser.

Mais elle le repoussa vivement.

— Oh ! dit-elle, vous m'aimerez, vous ; mais je ne vous aimerai pas, moi... Vous me faites horreur !...

Et comme elle parlait ainsi, trois autres coups retentirent à la porte.

Caboche fit un geste d'étonnement.

— Je n'attends pourtant personne à cette heure, murmura-t-il. L'homme au cadavre serait déjà venu. Il aura su que Fleur-d'Amour était ressuscité.

Et Caboche tardant à ouvrir, on frappa de nouveau.

Alors, le bourreau laissa Pepa la bohémienne seule en son laboratoire et il descendit ouvrir.

C'était messire Chilpéric, le favori du prévôt François Cornebut.

A la vue du page, le trouble de Caboche augmenta.

Il crut que Chilpéric le venait gourmander d'importance sur sa maladresse, de la part de son terrible maître, et il lui dit vivement, avec un accent d'humilité et de prière :

— Je vous jure bien que lorsque je l'ai dépendu, il était mort.

— Soit, dit Chilpéric, mais il est ressuscité. Seulement, il s'agit de le repondre.

— Je ne demande pas mieux, dit Caboche.

— Et, cette fois, il ne faut pas qu'il en revienne, sinon, tu seras pendu toi-même.

— Me l'amenez-vous ? demanda le bourreau, je vais le brancher à l'instant.

— Non, mais tiens-toi prêt pour demain au point du jour. Dresse ta potence, graisse ta corde et ne t'inquiète pas du reste. On te l'amènera.

Caboche, voyant le page de belle humeur, se rassérénait peu à peu.

— Ah çà ! dit Chilpéric, que faisais-tu donc là-haut, que tu as été si long à descendre ?

— Messire... je... je n'étais pas seul.

— Ah ! ah ! et qui donc te tient compagnie à pareille heure ?

— Une femme.

— Peste ! dit Chilpéric, est-elle jolie ?

— Plus belle que la Périne.

— C'est difficile.

— Plus belle que Géromée...

— C'est impossible !

Et Chilpéric ajouta :

— S'il en est ainsi, je la veux voir.

— Oh ! répondit le bourreau, ne croyez pas, mon cher seigneur, qu'elle soit venue ici à un rendez-vous d'amour.

— Que vient-elle donc faire ?

— Me dire la bonne aventure. J'étais inquiet sur la façon dont messire François Cornebut, notre redouté seigneur, prendrait la résurrection de Fleur-d'Amour.

— Alors, c'est une bohémienne ?

— Oui.

— Ah çà ! mais il en pleut donc dans Paris, de ces bohémiens ? dit Chilpéric; voyons-la !

Et il se dirigea vers l'escalier.

Et tandis qu'ils montaient :

— Ah ! si vous saviez quelle singulière prophétie elle vient de me faire, dit Caboche.

— Que t'a-t-elle donc prédit ?

— Que je serais amoureux fou d'une femme.

— Après ?

— Que cet amour serait pour moi une torture sans nom.

— Et t'a-t-elle dit le nom de cette femme ?

— Oui, c'est elle.

Chilpéric se mit à rire.

— Elle est adroite, la petite, dit-il.

— Oh ! mais ce n'est pas tout, dit Caboche.

— Qu'est-ce donc encore ?

— Elle m'a prédit que je serais obligé de la rompre vive.

— Oh ! oh ! dit Chilpéric.

Et comme si cette prophétie l'eût quelque peu impressionné, il monta plus lentement les dernières marches de l'escalier.

Pepa la bohémienne était toujours debout au milieu du laboratoire.

Chilpéric s'arrêta sur le seuil comme ébloui.

Certes la beauté de la jeune fille n'était ni l'opulente beauté de Périne la ribaude, ni la beauté chaste et évangélique de Géromée ; mais c'était une beauté sauvage, fascinatrice, étrange.

Son visage doré, ses lèvres rouges, ses grands yeux noirs, ses cheveux d'ébène résumaient le plus beau type de la beauté orientale.

— Voilà, certes, une magnifique créature ! murmura le page.

Puis, il s'avança vers elle et lui dit :

— Hé ! gitana d'enfer, tu n'as donc pas peur du bourreau, que tu es seule chez lui à cette heure ?

— Je n'en avais pas peur quand je suis venue.

— Et... maintenant?...

— Maintenant, dit-elle en frissonnant, maintenant que je sais... oh! j'ai peur...

Elle regardait la porte ouverte et on devinait qu'elle eût voulu prendre la fuite.

— Et qui donc t'a appris cela? demanda Chilpéric, toujours sceptique,

— Je l'ai lu.

— Où donc?

— Dans sa main.

— Alors, dit Chilpéric, si je te donnais ma main, tu me dirais l'avenir?

— Oui, monseigneur.

— La voilà, parle!

Et le page tendit sa main blanche et fine, en s'approchant de la lampe que le bourreau avait posée sur une table.

La bohémienne se prit à la regarder, puis, tout à coup, elle pâlit, ses lèvres frémirent et un tremblement agita tout son corps.

— Oh! dit-elle, je vois dans votre main une épouvantable chose, monseigneur, et je ne parlerai pas.

— Chilpéric se mit à rire:

— Comme je ne crois pas à ta science, dit-il, tu peux parler.

— Non, monseigneur.

— Parleras-tu, sorcière!

Elle le regarda fixement et Chilpéric baissa involontairement les yeux devant son regard.

— Vous le voulez ? dit-elle.

— Je te l'ordonne, sorcière !

— Eh bien ? dit-elle en tremblant, le jour où je serai rompue vive par cet homme...

— Et elle montrait Caboche devenu soucieux et qui baissait la tête.

— Eh bien ? fit Chilpéric.

— Je ne serai pas suppliciée toute seule.

— En vérité !

— Sur le même échafaud et sur une autre roue, un homme sera roué pareillement.

— Et... cet homme ? demanda Chilpéric.

— C'est vous, messire.

Chilpéric ne croyait ni à Dieu, ni au diable, ni à la bonne aventure que prédisaient les bohémiens ; mais à ces derniers mots, il se sentit pâlir et ses cheveux se hérissèrent.

XVI

La bohémienne baissait la tête, mais elle tenait toujours dans les siennes la main du page.

Chilpéric retira vivement cette main comme si celles de la jeune fille l'eussent brûlée.

Il regarda le bourreau.

Caboche était morne et triste.

Alors Chilpéric fit un effort suprême et s'écria :

— Heureusement, sorcière d'enfer, que je ne crois pas à tes prédictions.

— Vous avez tort, messire.

Chilpéric essaya de rire, mais le rire expira dans sa gorge crispée.

— Eh bien ! reprit-il, puisque tu prédis si bien l'avenir, sorcière de malheur, dit-il, peux-tu me fixer l'époque de ma mort ?

— De la mienne et de la vôtre, messire.

Chilpéric eut honte du mouvement de terreur auquel il avait obéi en retirant sa main.

Il la rendit donc à Pepa la bohémienne en disant :

— Parle donc, sorcière !...

Toute tremblante, la jeune fille examina de nouveau la main du page.

— Nous mourrons, vous et moi, dit-elle, huit jours après, heure pour heure, qu'un prince étranger aura traversé Paris.

— La réponse est vague !

— Je ne puis voir autre chose.

— Ah ! dit Chilpéric qui redevenait insensiblement esprit fort.

Caboche ne soufflait mot.

Il contemplait la jeune fille et sentait s'éveiller en son cœur une tempête mystérieuse.

— Eh bien ! reprit Chilpéric, ne parlons plus de nous, sorcière, mais des autres...

Elle le regarda d'un air naïf qui voulait dire : « Je ne comprends pas ce que vous voulez. »

Mais Chilpéric poursuivit :

— Peux-tu nous dire quel est le premier homme que Caboche pendra demain ?

— Je pourrai vous dire s'il est jeune ou vieux.

— Ah ! mais son nom ?

Elle secoua la tête.

— Ma science ne va pas jusque-là, dit-elle.

— Dis-moi toujours son âge...

— Il faut alors que messire Caboche me donne sa main droite.

— La voilà, dit le bourreau frémissant d'une émotion inconnue.

Et il tendit sa main.

— Messire Caboche ne pendra personne demain, dit enfin la bohémienne.

— Tu crois ?

— J'en suis sûre.

— Et... après-demain ?

— Pas avant huit jours.

— Bon ! et l'homme qu'il pendra, est-il jeune ?

— Ce n'est pas un homme, dit Pepa.

— Ah ! bah !

— C'est une femme, ajouta la bohémienne avec assurance.

Le dernier nuage qui assombrissait encore le front de Chilpéric se dissipa.

— Allons ! dit-il, sorcière d'enfer, tes prédictions sont amusantes, sans doute, mais elles ne font pas mourir. Rassure-toi, ma belle, ni toi ni moi ne serons rompus.

Elle hocha la tête.

— Vous avez tort, monseigneur, dit-elle, tort de ne pas me croire.

— Puisque tu ne vois pas le lendemain, comment peux-tu voir l'avenir ?

Et Chilpéric continuait à rire.

— Je vous ai dit la vérité, fit encore la sorcière ; et je voudrais bien, à cette heure, ne pas être venue ici, car si messire Caboche ne m'avait vue, peut-être aurais-je pu conjurer la destinée.

— Je ne sais pas, répondit Chilpéric, si tu m'as dit la vérité pour un avenir encore lointain ; mais je puis t'affirmer que tu t'es trompée pour demain.

— Ah ! vous croyez, monseigneur ?

— Caboche pendra demain.

Pepa eut un sourire d'incrédulité.

— Et le patient ne sera pas une femme, ce sera bel et bien un soldat, un beau capitaine, ma foi !

Pepa souriait toujours.

— Le capitaine Fleur-d'Amour que l'enfer ne ressuscitera pas, cette fois, ajouta Chilpéric avec un accent de haine farouche, car il me faut Géromée !

Et Chilpéric reprit son manteau et sa toque et, s'adressant à Caboche :

— Ne te fie pas aux sornettes de la bohémienne, dit-il, et tiens-toi prêt au point du jour.

— Je serai prêt, dit Caboche.

— Adieu, la belle enfant, ajouta le page.

Et pour s'enhardir, il prit Pepa par la taille et lui mit un baiser sur le cou.

Elle jeta un cri :

— Ah ! fit-elle, c'est un baiser de mort que vous m'avez donné ! vos lèvres sont froides comme la peau d'une couleuvre.

Chilpéric haussa les épaules et s'en alla.

Le bourreau et la bohémienne restèrent seuls.

Caboche sombre et farouche contemplait toujours la jeune fille.

— Oh ! murmura-t-il enfin, comme tu es belle !

— Malheureux ! répondit-elle, tu me trouveras bien plus belle encore, le jour où il te faudra, une barre de fer à la main, briser un à un mes pauvres membres.

Caboche baissa la tête, il n'osait plus protester, tant la jeune fille parlait avec un accent de conviction profonde.

— Adieu, seigneur de la mort, dit-elle, au revoir plutôt, car hélas ! nous nous reverrons....

Et elle fit un pas vers la porte.

Il voulut la retenir, mais elle le repoussa.

— Arrière, bourreau ! dit-elle, arrière, tortionnaire?

Et elle eut un geste de répulsion et d'horreur.

— Mais attends donc que je te paye tes prophéties, dit Caboche.

Et il prit une bourse qui se trouvait sur la table et en tira une pièce d'or.

Pepa le repoussa encore et refusa son or.

— Garde-le, dit-elle. Quand je serai morte, quand tu m'auras tuée, tu le porteras à un prêtre qui fera des prières pour le repos de mon âme.

Et elle sortit.

Caboche était cloué au sol par une force mystérieuse et invincible.

Il voulut suivre la jeune fille, mais ses jambes refusèrent de faire un pas.

Il voulut parler, la voix expira sur ses lèvres.

Ce ne fut que lorsqu'il eut entendu le bruit de la porte qui se refermait et que Pepa la bohémienne avait tirée après elle, qu'il s'arracha enfin à cette étrange paralysie.

Alors, passant la main sur son front baigné de sueur :

— Le page Chilpéric a raison, dit-il. Toutes ces sornettes que débitent les bohémiens sont bonnes tout au plus pour des femmes crédules, mais ne sauraient impressionner l'esprit d'un homme.

Et il essaya de sourire ; mais l'image radieuse de la jeune fille disparue se représenta à sa pensée.

— Elle est pourtant bien belle, murmura-t-il.

Puis, s'enhardissant de nouveau, il ajouta :

— Seulement, je suis de l'avis de Chilpéric. Comment

pourrait-elle prévoir l'avenir sûrement, puisqu'elle se trompe sur le lendemain ?

Et cette fois Caboche se mit à rire bruyamment.

— Car enfin, se dit-il encore, la chose est certaine. Du moment où Fleur-d'Amour n'est pas mort, on va me le rendre pour que j'en fasse un pendu; et, cette fois, je ne rendrai pas son corps, et l'homme au cadavre et moi nous le couperons en petits morceaux pour nos expériences.

Tandis que Caboche faisait cette dernière réflexion, on frappa de nouveau à la porte.

Le bourreau pensa que c'était Chilpéric qui revenait, ayant oublié quelque recommandation importante à lui faire.

Aussi prit-il sa lampe et descendit-il ouvrir.

Mais la porte entre-baillée, il recula et laissa échapper un geste de surprise.

— L'homme au cadavre! dit-il.

— Oui, c'est moi, dit le nouveau venu.

Et il entra.

C'était un jeune homme de vingt-deux ans tout au plus, et, contre son habitude, il n'avait pas son masque. Sa barbe clair-semée et naissante était blonde, ses yeux bleus, ses cheveux châtains.

Il avait le nez un peu busqué, le front haut, quoique fuyant, les lèvres minces et astucieuses, et on reconnaissait facilement en lui un de ces Italiens qui étaient venus à Paris à la suite de la Dauphine, madame Catherine de Médicis.

— Mais, messire, lui dit Caboche, vous ne savez donc pas ce qui est advenu ce matin ?

— Au contraire, répondit le nouveau venu, tu as pendu un homme qui se porte bien.

— Par conséquent, je n'ai pas de cadavre à vous livrer.

— Je le sais.

Caboche regarda alors cet homme d'un air qui voulait dire :

— Que venez vous donc faire ici ?

L'Italien comprit le regard :

— N'as-tu pas dans ton laboratoire une tête de mort? dit-il.

— J'en ai plusieurs, messire.

— Et des ossements ?

— Quelques-uns.

— C'est ce qu'il me faut.

Caboche était sans doute habitué à ces étranges achats, car il reprit sans mot dire le chemin de son laboratoire et l'Italien le suivit.

Puis, quand ils furent dans le sinistre atelier où le tourmenteur rangeait ses instruments de supplice, disséquait les corps des suppliciés qu'il ne vendait pas à d'autres chirurgiens, le visiteur nocturne s'assit et dit encore :

— Je ne serai pas mystérieux plus longtemps avec toi Caboche.

— Ah! fit le bourreau qui le regarda curieusement.

— Jusqu'à présent, tous les cadavres que je t'ai achetés ne m'ont servi qu'à une chose.

— Laquell. ?

— A distiller avec cette graisse humaine des pommades merveilleuses, des baumes incomparables et certains poisons subtils. Je jetais les os ou je les envoyais enterrer nuitamment dans le Charnier des Innocents.

Mais être parfumeur et médecin n'est pas mon unique profession.

— Ah! vraiment! fit le bourreau.

— Je m'occupe comme beaucoup d'alchimistes, de ce qu'on nomme le *grand œuvre*, et j'ai fait tout dernièrement la connaissance d'un bohémien du nom de Michaël, qui prétend en avoir trouvé le secret.

— Je crois, dit Caboche, que les bohémiens se vantent de beaucoup de choses.

— C'est possible reprit l'Italien ; mais celui dont je parle est vraiment extraordinaire; il m'a appris le jeu des cartes, le *grand jeu*, comme ils disent, et chaque fois que je les ai consultées...

— Elles vous ont menti, dit Caboche.

— Elles m'ont toujours dit la vérité.

— Caboche tresssaillit.

— Je croyais, dit-il avec une émotion subite, que les

bohémiens ne prédisaient l'avenir que par l'inspection des mains.

Cela dépend, ils emploient ce moyen ; mais ils se servent plus ordinairement des cartes.

— Ah ! dit le bourreau songeur. Mais ce n'est point de cela qu'il s'agit. Michaël prétend que l'addition d'une poussière d'os humains, d'os de femme surtout, et principalement obtenue avec les débris d'un crâne, aux différentes substances que nous réunissons dans nos creusets, est indispensable pour la solution du grand problème.

— J'ai précisément là une tête de femme et presque tout son squelette, dit Caboche.

Et il indiqua du doigt un petit ossuaire très-habilement dressé dans un coin du laboratoire.

— Mais, messire, dit-il alors, me permettrez-vous de vous faire une question ?

— Parle.

— Les bohémiens vous ont appris le jeu de cartes, le grand jeu ?

— Oui.

— Alors, peut-être me pourriez-vous dire ?...

— Que veux-tu savoir ?

— Si je pendrai un homme demain, murmura Caboche d'une voix tremblante, car il se souvenait des affirmations contraires de la bohémienne.

— Mais il me semble, dit l'Italien, que tu n'as pas besoin des cartes pour savoir cela.

— Au contraire, monseigneur.

— Habituellement, tu es prévenu la veille.

— Je l'ai été il y a une heure.

— Alors, pourquoi douterais-tu ?

— C'est que, monseigneur, une bohémienne sort d'ici. J'ai eu la faiblesse de lui abandonner ma main.

— Eh bien ?

— Et elle m'a prédit d'étranges choses, entre autres, que je ne pendrais personne avant huit jours.

— Et tu veux que je contrôle par les cartes les prophéties de la bohémienne ?

— Oui, monseigneur, si vous le voulez bien.

— Volontiers, dit l'Italien.

En cette année de grâce mil cinq cent trente-neuf, et sous le règne du roi François, premier du nom, il n'était si pauvre gentilhomme, si petit cadet de Gascogne ou de Normandie, qui 'eût en sa poche un cornet et des dés.

Il n'était pas non plus d'Espagnol ou d'Italien qui n'eût son jeu de tacot et ne fût prêt à toute heure à consulter la destinée sur sa bonne ou sa mauvaise fortune.

— Par la mort Dieu ! dit l'Italien, aussi vrai que je me nomme René et que je suis professeur de madame la Dauphine, il ne sera pas dit que le bourreau m'aura demandé de lui tirer les cartes et que j'aurai refusé.

Et René tira ses cartes de sa poche et alla s'asseoir devant la table sur laquelle Caboche avait reposé la lampe à trois becs.

René étala les cartes sur la table.

Puis, il se mit à les battre, les tailla en petits paquets et fit couper chacun d'eux, de la main gauche, par le bourreau.

Celui-ci était fort anxieux.

Après quoi, le parfumeur retourna les cartes une à une.

— Oh ! oh ! fit-il tout à coup.

— Qu'est-ce donc? messire, demanda Caboche ému.

— Voici une dame de cœur dans ton jeu.

— Eh bien?

— Suivie d'un valet de pique.

— Qu'est-ce que cela veut dire?

— Que tu aimeras violemment une femme, ami Caboche.

— En vérité? murmura le bourreau.

— Et que cette femme te fera cruellement souffrir.

René tourna encore une carte.

C'était un as de trèfle.

— C'est bizarre, dit-il, je vois qu'on te donne de l'argent.

La carte suivante était un as de cœur.

— Tu es jaloux, horriblement jaloux, dit René.

— Après, messire, après ?

— Ah ! mon dieu ! un roi de pique ! pauvre Caboche !...

Et le parfumeur regarda avec compassion le bourreau qui tremblait de tous ses membres.

— Mais parlez donc, messire ! dit-il.

Et sa voix était caverneuse et paraissait remonter des profondeurs de son âme.

— Tu le veux ?

— Oui, balbutia-t-il.

— Le roi de pique, c'est le roi de France.

— Bon !

— Qui te donnera de l'argent, l'as de trèfle, pour que tu mettes à mort la dame de cœur, c'est-à-dire la femme que tu aimeras.

Caboche jeta un grand cri.

Les cartes, aussi bien que les lignes de sa propre main, s'accordaient sur le même point.

Cependant, comme Chilpéric, Caboche eut un dernier espoir ; il voulut savoir si les cartes ne se tromperaient pas et si elles lui affirmeraient, elles aussi, qu'il ne pendrait pas un homme le lendemain.

— Vous m'avez prédit une chose lointaine encore, sans doute, dit-il à René ; mais vous ne me parlez pas de l'homme que je pendrai demain.

René mêla de nouveau les cartes, les battit, les fit couper au bourreau de la même manière, c'est-à-dire de la main gauche, puis, quand ce fut fait, il interrogea les cartes de nouveau.

Les cartes répondirent par la voix de René :

— Tu ne pendras personne demain.

— Mais... après ?

— Après-demain, pas davantage. Tu n'exerceras pas ta profession avant huit jours.

— Et qui pendrai-je alors ? demanda Caboche frissonnant.

— Une femme !

Caboche jeta un nouveau cri.

Puis, il laissa retomber sa tête sur sa poitrine en murmurant :

— Mais qui donc sauvera le capitaine Fleur-d'Amour de ma potence et de la colère jalouse de messire François Cornebut ?

XVII

Suivons maintenant Chilpéric.

Le page, un peu ému néanmoins des prédictions de la bohémienne, s'en allait, remontant la berge de la rivière et se disant :

— Il ne faut pas perdre de temps ; il est urgent que Fleur-d'Amour soit pendu demain matin, et d'abord parce que Géromée me plaît et que j'en veux faire ma maîtresse, ensuite parce que je ne veux pas me chagriner l'esprit plus longtemps des prophéties de cette sorcière d'enfer. Elle a prétendu que Caboche ne pendrait personne demain... Nous verrons bien !

La nuit était resplendissante, nous l'avons dit, et la lune baignait de ses rayons les toits des maisons, les clochers des églises et les eaux du fleuve.

En suivant le bord de la Seine, Chilpéric prenait le chemin le plus court pour retourner chez la Périne.

Le palais de la ribaude avait deux entrées, une qui était la principale et qui donnait sur la rue des Lions ; une autre, qui avait été faite pour messire François Cornebut et qui n'était autre que cette poterne qui s'ouvrait au bord de l'eau.

En s'en allant, Chilpéric était sorti par la rue des Lions. Il revenait par le bord de l'eau, et comptait bien se servir d'une petite clé que son seigneur et maître lui avait donnée pour le cas où un ordre pressant du roi serait venu le chercher au Châtelet, en son absence. Comme il arrivait près du palais, Chilpéric s'arrêta.

Il avait vu une barque amarrée devant la poterne, un homme dans cette barque, et sur la berge un homme qui se promenait de long en large le nez dans son manteau.

— Oh ! oh ! se dit-il, qu'est-ce que cela ?

Chilpéric était brave, de plus il était insolent.

Il s'approcha donc de la barque, héla le batelier et lui dit :

— Que fais-tu là, maraud ? De quel droit amarres-tu ta barque ici ? Si tu ne veux pas que je te châtie, gagne le large.

— Monseigneur, répondit le batelier, qui n'était autre que Landry, l'amant malheureux de Géromée, je ne suis pas ici pour mon plaisir.

— Ah ! ah !

— Je fais mon métier de batelier, et si vous voulez que je m'éloigne, adressez-vous à ce gentilhomme que vous voyez se promener là-bas.

Chilpéric alla droit à l'homme qu'on lui désignait, et qui paraissait n'avoir rien entendu et n'avoir pas même aperçu le page.

— Hé! mon gentilhomme? fit Chilpéric d'un ton hautain.

L'homme au manteau se retourna et parut s'arracher à une profonde méditation.

— Est-ce à moi que vous en avez? dit-il.

— Sans doute, puisque vous et moi sommes seuls ici, répliqua Chilpéric, qui avait le verbe haut.

— A qui ai-je l'honneur de parler? demanda froidement l'homme au manteau.

— Je me nomme Chilpéric.

— Un joli nom, dit l'homme au manteau.

— Un nom que vous devez connaître, mon gentilhomme.

— Excusez-moi, mais je l'entends prononcer pour la première fois.

Ce sang-froid exaspéra Chilpéric.

— Messire, dit-il, je suis le favori de monseigneur François Cornebut, prévôt de Paris.

— Fort bien.

— Et vous êtes ici sous les murs du palais de la Périne, sa maîtresse.

— Voilà ce que j'ignorais.

— Or, poursuivit Chilpéric, de plus en plus insolent, je vous somme de passer au large.

— Plaît-il?

Et l'homme au manteau prit à son tour une attitude hautaine.

— Je vous dis de passer au large, répéta Chilpéric, qui mit la main sur la garde de son épée.

— Messire Chilpéric, répliqua l'homme au manteau, vous m'avez dit votre nom, je vous vais dire le mien. Je me nomme Amaury, vicomte de Lévis, marquis de Mirepoix, et je suis gentilhomme du roi. Je vous prie donc de me parler poliment.

Chilpéric avait fait un pas en arrière.

Un homme qui portait un des plus grands noms de France ne se traitait pas comme un ribaud.

Le page baissa donc la voix et salua, disant :

— Excusez-moi, monsieur; mais il est si étrange de trouver un gentilhomme de votre rang, se promenant au clair de lune en cet endroit désert...

— J'aime la solitude, dit Amaury.

— Ne pourriez-vous pas aller un peu plus loin?

— Non, ce lieu me plaît.

Chilpéric mesurait Amaury du regard et se disait qu'il avait affaire à un homme probablement aussi brave, aussi entêté que lui, et qu'il n'avait pas grand'chose à gagner en lui cherchant querelle.

— Après tout, monsieur, dit-il, vos affaires ne sont pas les miennes, mille excuses. Je suis votre serviteur.

— Et moi le vôtre, dit Amaury.

Chilpéric ôta sa toque et salua ; Amaury lui rendit un coup de chapeau et continua sa promenade. Alors le page s'approcha de la poterne, mais comme il tirait sa clé de sa poche, Amaury marcha droit à lui.

— Pardon, monsieur Chilpéric, dit-il, où allez-vous ?

— Vous le voyez, j'ouvre cette porte pour entrer.

— Ce qui est complétement impossible monsieur Chilpéric.

— Hein ? dit Chilpéric.

— Je vous dis qu'il est impossible que vous pénétriez dans cette maison.

— Pourquoi cela ?

— Mais, parce que je ne le veux pas, dit Amaury avec calme.

— Ah ! par exemple !

Et le page, perdant patience, porta de nouveau la main à son épée.

Amaury se prit à sourire.

— Mon cher monsieur Chilpéric, dit-il, je suis prêt à croiser le fer avec vous, si telle est votre fantaisie, mais permettez-moi auparavant de vous donner quelques explications.

— Je les attends, monsieur.

— Cette barque que vous voyez, continua Amaury, m'a amené ici, voici une heure.

— Fort bien, monsieur.

— Je n'étais pas seul, j'accompagnais une personne

dont je ne puis vous dire ni le nom, ni la qualité, et qui est entrée dans cette maison.

— Ah! ah!

— Quand cette personne sera partie, et moi aussi, vous serez libre d'entrer.

— Et si je veux entrer tout de suite?

— Alors il vous faudra me tuer d'abord.

Et Amaury mit flamberge au vent.

Chilpéric avait été habitué jusque-là à ne rencontrer que des gens craignant Dieu et le prévôt et s'inclinant fort bas devant lui.

Quand il vit Amaury l'épée nue, il comprit qu'il fallait compter avec lui.

Mais, nous l'avons dit, le page était brave.

Il dégaîna donc à son tour et dit :

— En garde donc, monsieur.

— J'y suis, dit Amaury, toujours de sang-froid.

Chilpéric furieux se rua sur lui ; les épées se heurtèrent jetant, au clair de lune, de pâles éclairs.

Mais, dès la première passe, le page sentit qu'il n'était pas de force.

Amaury était un beau tireur ; un tireur habile surtout. Il avait eu sans doute pour maître en la noble science de l'escrime un de ces Milanais qui couraient le monde en donnant leurs savantes leçons.

— Monsieur, disait Amaury, tandis qu'ils ferraillaient, vous êtes un jeune homme, presque un enfant, et je ne voudrais pas vous tuer ; mais je vous jure que vous me gênez fort. Voulez-vous que nous en restions là?

— Vous me tuerez ou je vous tuerai ! répondit Chilpéric hors de lui.

— Ni l'un, ni l'autre, dit Amaury.

Et, avec une vitesse de poignet merveilleuse, il lia l'épée du page tierce sur tierce et l'envoya tomber à dix pas.

Chilpéric désarmé poussa un cri de rage.

— Mais tuez-moi donc ! dit-il.

Amaury se mit à rire.

— Il serait beau de voir un cousin de la Vierge frapper un homme désarmé ! dit-il.

Et il alla ramasser l'épée qui gisait à terre et la présenta courtoisement à Chilpéric.

— Recommençons, dit-il, à moins que vous ne vouliez me tendre la main, ce que je préfère.

Chilpéric n'était ni loyal, ni généreux, mais il tenait énormément à passer pour tel.

Aussi prit-il la main qu'Amaury lui tendait et balbutia-t-il quelques mots d'amitié.

Alors Amaury lui dit avec courtoisie :

— Cher monsieur Chilpéric, Dieu m'est témoin que ce n'est pas par humeur chagrine et pure taquinerie que je m'oppose à ce que vous entriez en ce moment dans cette maison. Mais j'ai reçu une consigne, et j'en suis esclave.

— Monsieur, répondit Chilpéric, je suis à votre service et vous dois obéir désormais ; mais je dois vous dire que j'ai un besoin impérieux de voir le prévôt.

— Il est donc dans cette maison?

— Je l'y ai laissé voici deux ou trois heures.

— Alors il en est parti.

— Oh! je ne crois pas.

— Je vous jure bien, dit Amaury, que la personne que j'ai amenée ici et qui m'a commandé de veiller à cette porte n'a nullement affaire à François Cornebut.

Amaury parlait avec un accent de franchise qui fit réfléchir le page.

— Ah! vous croyez, dit-il tout pensif.

— Monsieur, continua Amaury, je vous donne le choix, ou de vous en aller au Châtelet, où probablement vous trouverez le prévôt, ou d'attendre ici que la personne dont je vous parle soit sortie.

— J'attendrai, dit Chilpéric.

— Seulement, reprit Amaury, comme la personne en question ne veut être ni connue, ni reconnue, je vais vous imposer une petite condition.

— Laquelle?

— Voyez-vous cette grosse pierre, là-bas, à cent pas de nous?

— Oui, messire.

— Allez vous asseoir dessus, et donnez moi votre parole de n'en pas bouger que vous n'ayez vu cette poterne se rouvrir, la personne que j'attends nous rejoindre, et elle et moi remonter dans cette barque qui prendra le large.

Chilpéric hésita.

Il songea bien un moment à choisir la première alternative, c'est-à-dire à retourner au Châtelet, quitte à se jeter un peu plus haut dans une petite rue, gagner celle des Lions, et rentrer ainsi chez la Périne par la grand'-porte, puisque la petite lui était fermée.

Mais Chilpéric était un garçon prudent et plein de circonspection.

— J'ai vu trop de choses extraordinaires ce soir, pensa-t-il, pour ne point m'attendre à tout. L'autre porte est probablement gardée comme l'est celle-là, et je servirai encore mieux mon seigneur et maître messire François Cornebut en restant ici un bout de temps. Le peu que je verrai sera toujours vu.

— J'accepte, monsieur, dit-il à Amaury.

Et il salua son vainqueur et prit le chemin de la grosse pierre sur laquelle il s'assit, tandis qu'Amaury continuait à se promener de long en large devant la poterne.

Une heure s'écoula, puis une autre et encore une autre.

Chilpéric trouvait le temps long et grelottait dans son manteau.

La lune était descendue au bord de l'horizon, prête à disparaître, et le ciel, d'un bleu sombre, pâlissait au levant. Chilpéric calcula qu'il pouvait être cinq heures du matin.

— Mais, par le sang du Christ! murmura le page, il faut pourtant que je fasse pendre Fleur-d'Amour!

Et comme il perdait patience, la poterne s'ouvrit enfin, et Chilpéric vit une femme qui sortait rapidement du palais de la Périne et se dirigeait vers la barque, tandis qu'Amaury s'approchait d'elle avec empressement.

Cette femme était masquée, mais ne l'eût-elle point été, que Chilpéric n'aurait pu, d'ailleurs, la reconnaître à cause de la distance.

Seulement, il lui sembla qu'elle avait la taille élégante et souple de la Périne.

— Oh! oh! pensa-t-il, qu'est-ce que tout cela veut dire? voici maintenant que cette ribaude, non contente de fréquenter les bohémiens, a des intelligences avec des seigneurs de la cour.

Chilpéric regarda la dame masquée qui montait dans la barque avec Amaury.

Puis, quand la barque eut gagné le large, il quitta la place où il était et se dirigea vers la poterne.

Tout à coup un soupçon traversa son esprit.

Qui pouvait dire que la Périne, qui avait fait si bon accueil au prévôt, n'avait pas déjà un nouvel amant, lequel n'était autre qu'Amaury?

Et Chilpéric, qui avait dévoré la honte de sa défaite, mais qui ne pardonnait pas au jeune sire de Mirepoix d'avoir été à sa merci, Chilpéric entrevit une vengeance éclatante et prochaine.

Il revint donc à la poterne, tira la clé de sa poche et la mit dans la serrure.

La poterne ouverte, le page se trouva dans un corridor éclairé par une lampe suspendue à la voûte.

Un varlet dormait étendu sur un banc, auprès d'un escalier qui se trouvait au bout du corridor.

Au bruit de la porte qui se refermait, le varlet s'éveilla.

Chilpéric le reconnut pour un des anciens serviteurs de la Périne.

— Ah çà! lui dit-il, que se passe-t-il donc ici?

— Rien d'extraordinaire, messire.

— Par exemple!

Le varlet avait l'air étonné de l'exclamation de Chilpéric et il le regardait naïvement.

— Une femme vient pourtant de passer ici? continua le page.

— Je n'ai vu personne, messire.

— Et elle est sortie par cette porte...

— Je ne l'ai point vue.

— Ah çà! maraud, te moques-tu de moi?

— En aucune façon, messire.

Et le varlet avait un air si franc, si ingénu en parlant ainsi, que Chilpéric se dit :

— Le butor dormait, et il ne se sera point éveillé.

Il monta.

L'escalier conduisait aux appartements de la Périne.

Dans les antichambres, Chilpéric trouva d'autres varlets et d'autres pages.

Tous le saluèrent avec le respect accoutumé.

— Monseigneur le prévôt est-il ici? demanda Chilpéric.

— Sans doute, lui répondit-on.

— Et Périne ?

— Périne est avec lui.

Chilpéric se posa cette question :

— Quelle est donc la femme qui sort d'ici ?

Puis il voulut passer outre et entrer dans la salle où il avait laissé le prévôt et la ribaude soupant tête à tête ; mais les varlets lui barrèrent le passage.

— Qu'est-ce à dire? fit-il avec hauteur.

— Le prévôt et la Périne dorment.

— J'ai besoin de voir le prévôt, et je l'éveillerai.

— Non pas ! dit un des varlets, monseigneur François Cornebut a bien recommandé qu'on ne l'éveillât point et qu'on ne laissât entrer personne.

— Pas même moi ?

— Pas même vous.

Chilpéric ne pouvait passer sur le corps de toute cette armée de varlets ; d'ailleurs, du moment où Cornebut dormait, il fallait s'attendre à le voir entrer en fureur si on l'arrachait à son sommeil.

Chilpéric consulta du regard un sablier qui se trouvait entre deux portes.

Le sablier marquait six heures du matin.

Et le page, soupirant, se dit:

— J'ai encore plus de temps qu'il ne m'en faut pour aire pendre Fleur-d'Amour.

Chilpéric se résigna donc à attendre le réveil de son terrible maître.

Il s'allongea sur un banc, recouvert d'une housse en drap, se fit de son manteau une couverture et se dit :

— Moi aussi, je vais dormir, en ce cas.

Chilpéric avait couru toute la nuit, de plus, il avait beaucoup bu ; enfin il était à l'âge où l'on passe aisément et presque sans transition de la veille au sommeil.

Chilpéric n'eut pas plutôt fermé les yeux qu'il s'endormit profondément.

Et lorsque enfin il s'éveilla et rouvrit les yeux, non-seulement il était grand jour, mais encore le soleil resplendissait et le sablier marquait neuf heures.

— Corne du diable ! s'écria le page, il faut pourtant que Fleur-d'Amour soit pendu aujourd'hui, sans cela la prédiction de la bohémienne se réaliserait.

Et Chilpéric se trouvant sur pied, demanda si messire François Cornebut dormait encore.

— Non pas, lui répondit-on.

— Est-il toujours ici ?

— Toujours, dit un page.

— Où cela ?

Le page de la ribaude lui montra une porte.

— Là, dit-il. Sa Seigneurie déjeune.

— Seule ?

— Non, avec madame Périne.

Chilpéric alla gratter à la porte, et la grosse voix brutale de Cornebut répondit :

— Entrez !...

Et le page ayant ouvert la porte, aperçut la Périne assise sur les genoux du farouche prévôt...

XVIII

Le tableau était touchant.

Cornebut et la Périne avaient l'air de deux tourtereaux, et jamais la ribaude n'avait été plus caressante, plus adorablement câline.

Cornebut paraissait l'homme le plus heureux du monde.

— Ah ! Chilpéric, mon mignon, dit-il en voyant entrer son page, le roi François, notre maître, serait fou d'amour de la Périne s'il la voyait !

— Mais il ne la verra pas, dit Chilpéric.

Et il mit un baiser sur la main blanche et parfumée que lui tendait la ribaude.

— D'où viens-tu donc ? reprit Cornebut qui semblait avoir oublié le monde entier.

— Mais, monseigneur, je viens d'exécuter les ordres que vous m'avez donnés.

— Quels ordres ? dit le prévôt.

— Votre Seigneurie manque de mémoire.

— Hé ! dit l'amoureux Cornebut, peut-on se souvenir de quelque chose quand on est dans les bras de cette goule ?

Et il mit un baiser retentissant sur le col de cygne de la Périne.

Puis, regardant le page :

— Voyons, que t'ai-je donc commandé ?

— De rechercher le capitaine Fleur-d'Amour que Caboche a si mal pendu hier matin.

— Ah ! c'est juste.

— Et l'avez-vous trouvé ? demanda la ribaude avec une parfaite indifférence.

— Oui, certes, madame.

— Alors, qu'as-tu fait ?

— Je l'eusse bien fait brancher tout de suite, monseigneur, ainsi que vous me l'aviez ordonné, mais...

— Mais quoi ? dit Cornebut.

— Le drôle était entouré des parents et des amis de sa fiancée, car il veut épouser Géromée ; l'enlever du milieu de ces gens-là n'était pas chose facile.

— Alors tu l'as laissé tranquille ?

— J'attends que Votre Seigneurie me donne l'ordre de requérir trente archers.

— Bon ! et puis ?

— Avec ces trente archers j'arrêterai le capitaine Fleur-d'Amour et je le conduirai en place de Grève, où Caboche doit l'attendre depuis le lever du soleil.

Cornebut haussa imperceptiblement les épaules.

— Je crois, dit-il, que la Périne a changé d'avis.

— Plaît-il ? dit le page.

— Oui, dit la Périne, je n'aime plus le capitaine Fleur-d'Amour, et je ne le hais pas non plus.

— Eh bien ?

— Et moi, dit Cornebut, je ne vois pas pourquoi je serais désormais jaloux d'un homme qui ne me fait aucun tort.

Chilpéric était devenu pâle.

La Périne reprit :

— C'est du reste un bon soldat, le capitaine Fleur-d'Amour, et le roi a besoin de ses services.

— Ainsi donc, s'écria Chilpéric, vous ne voulez plus qu'on le pende ?

— Non, dit la Périne.

— A quoi bon ? fit Cornebut.

—Mais, monseigneur...

Cornebut regarda le page de travers :

— Ah çà ! drôle, fit-il, vas-tu pas me dicter tes volontés, maintenant?

— D'ailleurs, poursuivit la ribaude, pourquoi tiendrais-tu, toi Chilpéric, à voir pendre le capitaine, tu n'es pas son ennemi ?

— Assurément non.

Et Chilpéric se mordit les lèvres jusqu'au sang.

Cornebut mit alors un dernier baiser sur les lèvres de la ribaude :

— Ma bien-aimée, dit-il, je ne dois pas oublier dans tes bras que je suis prévôt de Paris. Donne-moi un dernier verre de vin, il faut que je m'en retourne au Châtelet.

— Quand vous reverrai-je, mon doux seigneur? demanda la Périne.

— Ce soir.

Elle lui passa ses deux bras autour du cou, et lui donna un dernier baiser.

— Çà! dit alors le prévôt tout ragaillardi, allons-nous-en! Tu viens avec moi, Chilpéric?

— Sans doute, monseigneur.

— Nous nous en irons par le bord de l'eau, à pied, comme de bons bourgeois, hein?

— Comme vous voudrez, répondit Chilpéric, qui avait une tempête au cœur.

Et comme ils descendaient l'escalier qui menait à la poterne, le page regarda fixement le prévôt.

— Monseigneur! dit-il.

— Qu'est-ce? demanda Cornebut?

— Votre Seigneurie est bien heureuse, n'est-ce pas?

— Hé! hé! fit Cornebut, la Périne ne m'a jamais autant aimé.

— En vérité!

— Et je ne me sens plus la moindre haine pour ce pauvre capitaine Fleur-d'Amour.

— Ce n'est pas de lui que je veux parler.

— De qui donc alors?

— Des gens que j'ai vus rôder cette nuit à l'entour du palais.

— Qu'est-ce que tu me chantes là ?

— La vérité, monseigneur.

Et Chilpéric raconta ce qui lui était advenu avec Amaury de Mirepoix.

— Comment ! s'écria Cornebut, tu as vu sortir une femme ?

— Oui, monseigneur.

— Et tu crois que c'était la Périne ?

— Je le crois.

Le vieux seigneur fronça le sourcil.

Puis, passant la main sur son front :

— Je me suis en effet endormi cette nuit dans ses bras. Quand je me suis éveillé, elle était auprès de moi. Tu t'es trompé, Chilpéric.

— Monseigneur, il n'en est pas moins vrai que j'ai vu sortir une femme.

— Quelque chambrière de la Périne qui a un amoureux.

— Lequel amoureux est un noble seigneur du nom d'Amaury de Mirepoix, peut-être ? Ah ! monseigneur, ricana Chilpéric, ce serait là une drôle de chambrière.

Le page avait réveillé la jalousie du prévôt.

Celui-ci voulait remonter et demander des explications à la Périne.

— Non, monseigneur, dit-il, cela ne doit pas arriver ainsi.

— Que veux-tu dire ?

— Il faut savoir s'il se passe ici des choses que la Périne ignore, ou si elle en est complice.

— Et comment le sauras-tu ?

— Donnez-moi carte blanche et je m'en charge. Mais... à une condition ?

— Tu me fais des conditions, drôle !

— Monseigneur, dit humblement Chilpéric, on ne fait rien pour rien, à moins qu'on ne soit un imbécile.

— Et que veux-tu pour prix de tes services ?

— Que votre seigneurie fasse pendre Fleur-d'Amour.

— Oui-da ! et quelle raison as-tu donc pour souhaiter sa mort ?

— C'est mon secret, monseigneur.

Tout en causant ainsi, ils étaient sortis du palais et longeaient la berge de la Seine.

— Ah ! tu as des secrets pour moi, maraud ? fit Cornebut, qui eut un éclair de colère dans les yeux.

— Depuis que je ne crains plus la potence, monseigneur.

— Plaît-il ?

— Quelque chose me dit, reprit Chilpéric, que je serai rompu vif un jour ou l'autre, si Fleur-d'Amour n'est point pendu aujourd'hui même.

Cornebut se mit à rire.

— Monseigneur, reprit Chilpéric, croyez-vous à Dieu ?

— Quelquefois.

— Au diable ?

Cornebut tressaillit et se souvint des événements de la nuit.

— Pourquoi me demandes-tu cela ? fit-il.

— Parce que, monseigneur, je ne croyais ni à Dieu, ni au diable, ni aux sorciers, et que je commence à croire à tout cela.

Chilpéric était visiblement ému en parlant ainsi.

— Voyons, reprit Cornebut, explique-toi. Que t'est-il donc arrivé ?

— Je suis allé chez Caboche cette nuit.

— Bon ! après ?

— J'y ai trouvé une bohémienne qui lui disait la bonne aventure.

— Et cette bohémienne ?...

— M'a prédit, monseigneur, que Caboche nous romprait vifs tous les deux, elle et moi.

— En vérité ! fit Cornebut impressionné par ce récit.

— Elle nous a dit, en outre, que Caboche ne pendrait personne aujourd'hui.

— Ah ! elle vous a dit cela aussi ?

— Ce qui fait, monseigneur, que si vous ne faites point pendre Fleur-d'Amour, sa dernière prophétie se réalisera.

— Et que si celle-là se réalise, dit Cornebut, il n'y a pas de raison pour qu'il n'en soit pas de même des autres.

— Justement, monseigneur.

— Mon pauvre Chilpéric, dit Cornebut avec mélancolie, je suis bien marri pour toi, je te jure, de tout ce qui nous advient.

— Comment cela, monseigneur ?

— Tu voudrais qu'on pendît Fleur-d'Amour ?

— Dame ! fit naïvement le page.

— Et moi, j'ai promis qu'on ne le pendrait pas.

— Vous l'avez promis à la Périne ?

— A la Périne d'abord.

— Et puis ?

— Et puis à un autre personnage dont je ne puis te dire ni le nom ni la qualité.

Chilpéric fit un pas en arrière et regarda le prévôt.

— Mais quand avez-vous fait cette promesse, monseigneur ? dit-il.

— Cette nuit.

— Vous avez donc vu une autre personne que la Périne ?

— Oui.

— Et... cette personne... ne serait-ce point ?...

— Ta femme masquée ? Non.

— Ou Amaury de Mirepoix ?

— Pas davantage.

— Monseigneur, dit Chilpéric, avec aigreur, je vous ai dit mes secrets, mais je vois que vous gardez les vôtres.

Cornebut ne se fâcha point. D'ailleurs, il aimait Chilpéric, comme on aime le confident de ses vices, et le témoin de ses faiblesses.

Et, soudain, le prévôt se frappa le front :

— Ne te désole pas, mon mignon, dit-il.

— Que voulez-vous dire, monseigneur ?

— La prophétie de la bohémienne ne se réalisera pas.

— Vous ferez pendre Fleur-d'Amour.

— Non.

— Alors... monseigneur...

— Mais je ferai pendre un autre homme. Qu'est-ce que cela te fait, pourvu que Caboche passe sa corde au cou de quelqu'un, aujourd'hui ?

Et comme Chilpéric ne répondait pas, Cornebut poursuivit :

— Hier matin, on a amené au Châtelet un pauvre diable de bohémien qui a volé un pain chez un boulanger et rossé un archer qui l'appréhendait. Je l'ai fait mettre en prison. Je le condamne à mort pour te plaire. On le pendra aujourd'hui ; es-tu satisfait ?

— Non, monseigneur. C'est Fleur-d'Amour que je veux voir pendre.

— Et pourquoi ?

— Je suis amoureux, monseigneur, amoureux depuis cette nuit.

— De qui ?

— De la fiancée de Fleur-d'Amour.

— De Géromée ?

— Précisément, monseigneur, et si Fleur-d'Amour n'est point pendu...

— Géromée t'appartiendra néanmoins, si je le veux ! dit Cornebut.

Chilpéric regarda le prévôt avec de grands yeux étonnés.

Cornebut reprit :

— Je me suis engagé à ne pas faire pendre Fleur-d'Amour ; mais je n'ai promis que cela.

— Eh bien, monseigneur ?

— Seulement, comme Fleur-d'Amour a été condamné à mort pour crime de trahison et de lèse-majesté, on peut le garder en prison jusqu'à l'heure où le roi aura signé les lettres d'abolition.

— Ah ! ah ! dit Chilpéric, je commence à comprendre, monseigneur.

— Par conséquent, tu peux toujours le faire arrêter.

— Bon !

— On l'enfermera au Châtelet et tu mettras à profit le temps qu'il y passera, pour te faire aimer de Géromée. C'est ton affaire et non la mienne.

Et Cornebut ajouta en riant :

— Il ferait beau voir, du reste, qu'un homme d'épée comme toi ne vienne pas à bout d'une petite drapière qui lui plaît.

Chilpéric soupira :

— Monseigneur, dit-il ensuite, je ne trouve rien à redire à votre combinaison. Seulement, il faut que vous me donniez des ordres par écrit.

— Comment cela, mon mignon ?

— Un ordre pour faire pendre le bohémien.

— Après ?

— Un ordre pour faire arrêter Fleur-d'Amour.

— Je te baillerai l'un et l'autre au Châtelet.

— Fort bien, monseigneur, car il ne faut point perdre de temps.

— Je le vois, dit le prévôt en riant, la prédiction de la bohémienne te préoccupe.

— Énormément, monseigneur.

— C'est comme moi, dit Cornebut, hier, je ne croyais pas au diable.

— Et... maintenant ?

— J'y crois, dit Cornebut avec un accent de conviction profonde.

Chilpéric essaya de sourire d'un air incrédule ; mais Cornebut ajouta :

— J'y crois, parce que je l'ai vu.

— Vous avez vu le diable, monseigneur ?

— Oui, cette nuit.

— En quel endroit, donc ?

— Chez la Périne, dont il est l'amant comme moi.

Chilpéric stupéfait regarda le prévôt.

— Mais, ajouta Cornebut, nous sommes bons amis, et il m'a promis de me maintenir en ma charge de prévôt tant que la Périne m'aimerait.

Chilpéric se mordit les lèvres et ne souffla mot.

A part lui, le page se disait :

— Nous sommes tombés, mon crédule maître et moi,

dans les mains de gens qui se moquent de nous, et.sans cette prédiction qui me préoccupe, j'aurais bientôt mis ordre à cela.

Mais que le bohémien soit pendu aujourd'hui, et nous verrons..,

Cornebut et son page étaient descendus jusqu'au Marché aux veaux, lequel touchait presque à la Seine.

Tout à coup le prévôt s'arrêta, disant :

— Qu'est-ce donc que cela ? Est-ce que le populaire conspire contre mon autorité ?

En effet, dans un coin de la place, il y avait un rassemblement de près de trois cents personnse qui criaient, riaient, applaudissaient.

Cornebut et Chilpéric s'approchèrent.

Alors ils virent une corde tendue entre deux poteaux.

Sur cette corde dansait et pirouettait une femme en jupe courte, à maillot rose, les cheveux remplis de paillettes d'or ; une femme que tout le monde applaudissait tant elle était leste, habile en son art, et jeune et belle !

— C'est, dit Cornebut, un beau brin de fille, en vérité !

Il regarda Chilpéric en parlant ainsi.

Chilpéric était d'une pâleur mortelle.

— Qu'as-tu donc ? fit Cornebut.

— Vous voyez cette femme, monseigneur ? balbutia le page d'une voix étranglée.

— Oui, **cer**tes, puisque je te la fais remarquer.

— Eh bien ! c'est elle !

13.

Et la voix du page était tremblante, et il était devenu livide.

— Hein ? fit le prévôt.

— C'est la bohémienne de cette nuit... continua Chilpéric.

— Ah! ah!

— Celle qui m'a prédit que je serais rompu vif auprès d'elle.

— Par les cornes de Satan, mon compère, dit Cornebut, je veux la voir de près, en ce cas.

Et il s'approcha du rassemblement populaire en criant :

— Place, drôles! place, vilains et manants!

Et la foule, reconnaissant le farouche prévôt, s'écarta avec respect et terreur!...

XIX

Chilpéric était si ému de cette rencontre, qu'il n'essaya même pas de retenir Cornebut.

Celui-ci, tout en étant fou de la Périne, n'avait jamais passé auprès d'une jolie fille sans la regarder et même sans la désirer quelque peu.

C'était un homme de bonne trempe que messire François Cornebut, et il avait gardé le même sourire sous ses cheveux gris.

Il s'approcha donc le plus qu'il put de la danseuse de corde, et certes la chose ne lui fut pas difficile, car le populaire s'empressa de lui céder la place.

En se voyant admirée par un homme d'épée, la danseuse redoubla de grâce, de gentillesse et de hardiesse.

Cornebut battait des mains.

— Bravo ! la belle enfant ! bravo ! disait-il.

Elle se suspendit à la corde par un pied et tendit ses deux mains au prévôt, en manière de salut ; puis les ramenant vers sa bouche, elle lui envoya un baiser.

Cornebut riait de bon cœur.

Et le populaire voyant rire Cornebut en conclut qu'il était de bonne humeur et lui fit une ovation et cria avec frénésie :

— Vive monseigneur le prévôt !

Alors Cornebut dit à la danseuse :

— Tu danses si bien, ma mignonne, que je te ferai bailler dix écus d'or, si tu les veux venir chercher au Châtelet.

— Volontiers, monseigneur, répondit-elle.

Et elle lui envoya un nouveau baiser.

Mais alors Chilpéric tira vivement le prévôt par le bras et lui dit :

— Vous voulez donc, monseigneur, que quelque calamité tombe sur votre tête, que vous attirez sous votre toit cette bohémienne de malheur ?

— Tu es fou, répondit Cornebut, une jolie fille comme

ça ne porte jamais malheur! La beauté est signe de chance.

Et le prévôt fit signe à la danseuse qu'elle interrompît un moment ses exercices et qu'elle eût à lui parler.

La danseuse obéit et sauta lestement de son plancher aérien sur le sol.

— Viens ici, ma mignonne, dit Cornebut.

— Et il s'effaça et lui montra Chilpéric dont les lèvres étaient blêmes et crispées.

— Reconnais-tu ce gentilhomme? dit Cornebut.

La bohémienne regarda Chilpéric et le sourire disparut de ses lèvres :

— Oh! oui, dit-elle avec mélancolie, je le reconnais.

— Tu lui as donc dit la bonne aventure ?

— La mauvaise aventure, monseigneur.

— Et tu crois à ta prédiction?

Elle leva les yeux au ciel :

— Hélas! dit-elle, il finira comme moi... il sera rompu !

— Vous l'entendez, monseigneur ! s'écria le page frissonnant.

Mais Cornebut trouvait la bohémienne si belle qu'il répondit :

— Ne vois-tu pas qu'elle se moque de toi?

— Puis, il caressa du revers de sa main la joue de la danseuse et lui dit :

— Me veux-tu dire la bonne aventure à moi aussi ma mignonne?

— Je le veux bien, monseigneur. Donnez-moi votre main.

— La voilà, dit Cornebut, en tendant une dextre énorme qui trahissait son origine roturière.

Pepa examina la main du prévôt et lui dit en souriant :

— Vous avez une main heureuse, monseigneur.

— Vraiment?

— Vous vivrez très-vieux.

— Ah! ah!

— Et vous mourrez riche et comblé d'honneurs.

— Flatteuse!

— Cependant, poursuivit la bohémienne, je vois un grand souci dans votre main.

— Quel est-il?

— Vous courrez un grand danger, un danger de mort; mais votre bonne étoile vous viendra en aide, au moment suprême.

— En vérité!

— Et tout s'arrangera au gré de vos désirs.

— Merci, la belle enfant, dit Cornebut, ce n'est plus dix écus d'or que je te baillerai, c'est cinquante, quand tu viendras au Châtelet.

— Monseigneur, répondit-elle, gardez votre or, je n'en ai que faire.

— Ah bah! fit le prévôt stupéfait.

— Et si vous me voulez récompenser, faites-moi une promesse.

— Laquelle ?

— De m'accorder ce que je vous demanderai.

— Eh bien ! parle...

— Je n'ai rien à vous demander pour le moment, monseigneur ; mais l'occasion peut venir.

Cornebut se tourna vers le populaire qui l'entendait :

— Hé ! manants, ribauds et ribaudes qui m'entendez, dit-il, je vous prends à témoin, moi, François Cornebut, noble homme et prévôt de Paris, que j'engage ma parole à cette jolie fille de lui accorder ce qu'elle me demandera un jour ou l'autre.

La foule battit des mains.

Mais Chilpéric, toujours pâle et frissonnant, n'imita point la foule.

Et comme la danseuse remontait sur sa corde, après s'être laissé prendre un baiser par le galant prévôt, Chilpéric tourna la tête et aperçut un homme non moins pâle, non moins frissonnant que lui.

C'était Caboche, le bourreau de Paris.

Et Chilpéric alla droit à lui.

— Tu crois donc à la prédiction de la bohémienne ? dit-il.

— Je commence à y croire, répondit Caboche.

— Ah ! fit le page d'un voix étranglée.

— Voilà une heure que je suis là, poursuivit le bourreau, et il me semble que pour un regard d'elle, je donnerais ma part de paradis.

— Tu l'aimes donc ?

— A en mourir.

Chilpéric essaya de rire ; mais il ne le put.

— Cependant, dit-il, elle s'est trompée sur un point.

— Lequel ?

— Elle t'a dit que tu ne pendrais personne aujourd'hui.

— Cela est vrai, répliqua le bourreau, et elle a eu raison encore.

— Tu crois ?

— Depuis le point du jour, mes aides et moi nous avons attendu, messire, et nous n'avons vu, ni vous, ni Fleur-d'Amour que vous nous deviez amener.

— Eh bien, dit en ce moment la grosse voix du prévôt, viens au Châtelet, Caboche, et on te livrera un patient.

Cette fois le front de Chilpéric se rasséréna.

— Viens donc, répéta le prévôt.

Et envoyant à son tour un baiser à la danseuse, il s'éloigna, suivi du page et du bourreau.

Messire François Cornebut tenait tant à passer pour un noble homme, qu'il observait religieusement sa parole.

Il rentra donc au Châtelet et dit à Chilpéric :

— Je te vais donner l'ordre écrit pour faire arrêter Fleur-d'Amour.

Et, en effet, il signa un ordre d'arrestation.

Puis il commanda qu'on lui amenât le bohémien qu'il avait fait jeter en prison.

Et quand le bohémien fut en sa présence, il lui dit :

— Je te condamne à être pendu.

Le bohémien ne protesta pas ; mais un sourire lui vint aux lèvres.

— Monseigneur, se borna-t-il à dire, c'est aujourd'hui dimanche.

— On pend le dimanche aussi bien que les autres jours, répondit le prévôt.

— Mais non pas à l'heure des offices.

—Cela est juste, dit Cornebut. Eh bien ! on te pendra à une heure de relevée, aussitôt la grand'messe finie.

Et il livra le bohémien à Caboche, qui n'était pas fâché, lui aussi, de voir que les prédictions de la bohémienne ne se réaliseraient pas.

Chilpéric, pendant ce temps, avait fait monter tous les archers à cheval et il s'était mis à leur tête.

Puis il était sorti du Châtelet et avait pris le chemin de la rue de la Mortellerie.

C'était en cette rue, on s'en souvient, que se trouvait la maison dans laquelle Fleur-d'Amour et Géromée attendaient le moment favorable pour quitter Paris.

La petite troupe traversa la place de Grève, au milieu de laquelle la potence était toujours veuve de son pendu. Elle passa devant la taverne de l'*Écu rogné*, et les buveurs qui s'y trouvaient entendant le bruit de cette chevauchée, accoururent au seuil de la porte.

La Salamandre était parmi eux.

— Bonjour Chilpéric, cria-t-elle au page d'un ton railleur, m'apportes-tu la lettre d'abolition que tu m'as promise pour le beau capitaine Fleur-d'Amour ?

— Je vais la lui remettre à lui-même, répondit Chilpéric.

Et il passa, peu soucieux des rires bruyants des ribauds et des ribaudes.

La foule s'était amassée derrière les archers et les suivait.

Chilpéric fit entourer la maison.

Puis il frappa sur la porte du pommeau de son épée en criant :

— Ouvrez, de par la loi !

La porte demeura close.

Alors Chilpéric fit un signe et les archers enfoncèrent la porte à coups de crosse d'arquebuse.

La porte ouverte, Chilpéric et une dizaine d'hommes mirent pied à terre et se précipitèrent dans la maison l'épée à la main.

La maison était silencieuse comme une tombe.

Chilpéric visita l'une après l'autre les salles du rez-de-chaussée, puis celle des autres étages.

Fleur-d'Amour, Géromée et leurs convives avaient disparu.

Alors, ivre de rage, le page fouilla les greniers et les caves, sans plus de succès.

La maison était déserte.

Et comme Chilpéric sortait en blasphémant et jurait

qu'il mettrait le feu aux quatre coins de Paris, plutôt que ne pas retrouver Fleur-d'Amour, il se trouva face à face avec le moine qui n'était plus ivre.

— Tu cherches Fleur-d'Amour ? lui dit-il.

— Oui, répondit Chilpéric, et Dieu ou le diable aidant je le trouverai.

— Je ne sais pas si Dieu t'aidera, répondit le moine ; mais ne compte pas sur le diable.

— Et pourquoi cela, vieil ivrogne ?

— Parce que le diable est notre ami, et que nous sommes tous les amis de Fleur-d'Amour.

Chilpéric donna au moine un furieux coup de plat d'épée ; mais le moine, exaspéré, se rua sur lui, le jeta en bas de sa selle et lui administra une volée de coups de poing.

Les archers chargèrent le moine.

— A moi ! cria celui-ci, à moi ! à moi ! sus au page ! sus aux archers !

Et, à la voix du moine, de tous le cabarets voisins, de toutes les maisons, sortirent des bourgeois armés, et de toutes les fenêtres plurent sur les archers des projectiles de toute nature.

Ce fut une vraie bataille et le sang coula.

Et, tout à coup, on vit apparaître un homme, l'épée à la main, qui disait :

— Ah ! c'est ainsi que tu m'apportes mes lettres d'abolition ?

Cet homme, est-il besoin de le dire ? était le capitaine

Fleur-d'Amour qui se mit à la tête du peuple et qui chargea à son tour ; les archers, embarrassés par leurs chevaux dans cette rue étroite, furent bientôt contraints à se replier vers la Grève.

Mais là ils trouvèrent une foule immense et furent pris comme entre deux courants.

Les ribauds, conduits par Fleur-d'Amour, les poussaient vers la rivière.

La foule qui encombrait la place de Grève les empêchait d'aller plus loin.

Mais alors, il y eut comme un accord tacite entre les combattants ; les ribauds cessèrent de jeter des pierres aux archers, les archers remirent l'épée au fourreau ; Fleur-d'Amour s'éclipsa, et il n'y eut guère que Chilpéric qui était contusionné par tout le corps, tant il avait reçu de coups et de horions, qui cherchait à frapper d'estoc et de taille, traitait les archers de lâches et hurlait qu'il lui fallait Fleur-d'Amour à tout prix.

Et comme il se dressait sur ses étriers, menaçant le populaire de toute la colère de Cornebut, le moine qui s'était de nouveau glissé auprès de lui, le prit par la jambe et l'enleva de sa selle, comme s'il n'eût pas été plus lourd qu'un fétu de paille.

Puis il l'étreignit dans ses bras robustes, le mettant ainsi dans l'impossibilité de se servir de son épée, et il lui dit :

— Mais regarde donc, imbécile !

Le moine avait vu ce que Chilpéric ne voyait pas, tant la fureur l'aveuglait.

La trêve consentie entre les ribauds et les archers était due à un de ces événements qui captivent toujours l'attention du populaire et lui font oublier toute autre préoccupation.

Sous le large pilier en maçonnerie qui supportait le gibet, trois hommes venaient d'apparaître, dominant la foule.

Ces trois hommes étaient Caboche et ses deux aides.

La moine étendait la main et montrait le gibet.

Chilpéric comprit et il se souvint.

Cornebut lui tenait parole et on allait pendre le bohémien. Cette vue calma la colère de Chilpéric.

Au lieu de se débattre encore, le page dit au moine :

— Lâche-moi, je te payerai à boire après la cérémonie.

— Vrai? dit le moine.

— Foi de païen! dit Chilpéric.

— Alors je te crois. Va, mon fils.

Chilpéric remonta sur son cheval; puis, comme debout sur ses étriers il ne voyait pas encore assez bien, il se dressa sur la selle, à la manière d'un écuyer du cirque et s'y tint debout et en équilibre.

Chilpéric domina alors cette mer de têtes qui ondulait sur tous les sens et du sein de laquelle s'élevait une clameur immense.

Il embrassa toute la place d'un regard : il vit distinctement le gibet et au pied du gibet, le bourreau et ses deux assesseurs ; mais il ne vit pas le patient. Où donc était-il ?

La foule impatiente demandait à grands cris le condamné et le condamné ne paraissait pas.

Mais Chilpéric se souvint que le bohémien avait fait observer qu'on ne pendait pas le dimanche durant les offices.

A quoi Cornebut avait répondu :

— C'est bien, on te pendra après le dernier coup de cloche de la messe d'une heure de relevée.

Il n'était pas tout à fait une heure.

En conséquence, le patient était dans son droit et la foule dans son tort.

Mais où était le patient ?

Pourquoi ne l'avait-on pas amené par avance au pied du gibet ?

Chilpéric se le demandait et n'y comprenait rien.

Dans la foule, bourgeois, ribauds, filles de joie se livraient à mille commentaires.

Chacun disait son mot, chacun émettait son avis.

D'autres demandaient qui on allait pendre.

Car la plupart n'en savaient rien.

Une ribaude, qui paraissait mieux renseignée et se trouvait tout auprès de Chilpéric, disait :

— Il y a des gens qui disent qu'on va pendre le ressuscité, le capitaine Fleur-d'Amour ; mais ce n'est pas vrai, n'est-ce pas, mon gentilhomme ?

Et elle adressa un regard provocant à Chilpéric.

— Tu as raison, la belle fille, ce n'est pas Fleur-d'Amour, réplique le page.

— C'est un bohémien, n'est-ce pas ?

— Oui, ma belle.

— Quel crime a-t-il commis ?

— Ma foi, je n'en sais rien.

En parlant ainsi, Chilpéric disait vrai.

Cependant il ajouta :

— Ce que monseigneur le prévôt en fait, du reste, est uniquement pour plaire à Caboche qui manque de besogne.

— Et quand il en a, il la fait mal, dit la ribaude, faisant allusion à la merveilleuse résurrection du capitaine Fleur-d'Amour, dont tout Paris s'entretenait depuis la veille au matin.

Chilpéric ne faisait pas grande attention aux propos de la ribaude, non plus qu'à ses œillades.

Chilpéric avait une bien autre préoccupation, en vérité.

Ce qu'il voulait voir, c'était le patient hissé au gibet, la corde au cou.

Enfin, il se fit un grand mouvement et une grande rumeur parmi la foule.

Puis, dans le lointain, du côté du Châtelet, on vit comme un long reptile qui serpentait et s'ouvrait lentement un passage, un flot étincelant, roulant tout à coup sur cette mer brune, et arrachant aux rayons du soleil des myriades d'étincelles.

Chilpéric vit tout de suite ce que c'était.

C'était une troupe d'archers se frayant un passage, la rapière au poing et amenant le condamné,

La foule s'ouvrait devant le reptile d'acier, mais se refermait et celui-ci avançait toujours.

Quand il ne fut plus qu'à cent pas, Chilpéric, palpitant, reconnut à son casque doré et à son panache blanc le chef de la troupe.

C'était messire François Cornebut.

Le prévôt avait appris que le peuple chargeait ses archers et il venait à leur secours, tout frémissant de colère, et par la même occasion, il amenait le bohémien à Caboche dont la corde était toute prête.

— Voilà qui est bien, dit Chilpéric. Le prévôt est un homme de parole, et c'est un grand honneur qu'il fait à un fils de bohême de le conduire lui-même au gibet.

Et Chilpéric, plus impatient encore que la foule, se réjouissait par avance de voir que les prophéties de la bohémienne Pepa ne se réaliseraient point !

XX

Messire François Cornebut ne plaisantait pas avec le peuple de Paris.

Il avait coutume de dire que la vie de dix bourgeois ne valait pas à ses yeux celle d'un varlet; et que la vie de cent varlets était moins précieuse que celle d'un gentilhomme ; puis il ajoutait qu'on pouvait décapiter un gentilhomme tous les huit jours ; et, on voit par cette théorie, le respect qu'il avait de la vie humaine.

Il était donc monté à cheval, le terrible et farouche amant de Périne la ribaude et il s'était rué, l'épée haute, sur le peuple.

La foule s'écartait devant lui, mais elle se reformait, sitôt qu'il était passé, et continuait à murmurer.

Si bien que Chilpéric qui, perché sur sa selle, voyait distinctement approcher les archers conduits par leur prévôt, se disait :

— Si le populaire voulait, Cornebut et les cent hommes qui le suivent, seraient étouffés, renversés, broyés, et il n'en resterait pas de trace.

Mais le peuple, qui a des colères terribles, a aussi ses curiosités ardentes qui dominent ses colères.

Une heure auparavant, quand les ribauds avaient résisté aux archers, si Cornebut fût accouru, il eût été mis en pièces.

Mais on avait vu Caboche au pied du gibet, et dès lors la colère du peuple faisait place à sa curiosité.

Le peuple voulait voir pendre d'abord ; après, il chargerait peut-être de nouveau les archers.

Et la foule s'ouvrit jusqu'au pied du gibet et on vit apparaître Cornebut d'abord, puis les archers et au milieu d'eux le malheureux bohémien.

C'était un homme déjà vieux, chétif de corps, et qui paraissait résigné à mourir.

Déjà Caboche lui passait la corde au cou, lorsqu'on entendit un cri perçant, un cri de femme affolée.

Et, en même temps Chilpéric, qui était à une certaine distance, vit une jeune fille qui s'ouvrait un passage jusqu'à François Cornebut et joignait ses mains suppliantes.

Chilpéric eut un cri de rage.

Il avait reconnu la jeune fille.

C'était la bohémienne Pepa, la danseuse de corde, la belle fille à qui Cornebut avait galamment fait une promesse, et devant laquelle les archers, émerveillés de sa beauté, rompirent le cercle qu'ils avaient formé autour du gibet.

Pepa jeta ses bras autour du cou du bohémien et se plaça devant lui comme pour lui faire un rempart de son corps.

— Qu'est-ce que cela? fit Cornebut.

— C'est mon père, dit-elle.

Caboche avait pâli et un tremblement convulsif lui parcourait tout le corps.

— Ah! ah! dit Cornebut qui reconnut la danseuse, c'est ton père.

— Oui, messire.

— Eh bien! tu le vois, on va le pendre, dit le prévôt.

— On ne le pendra pas, répondit la bohémienne,

parce que vous m'avez, ce matin même, engagé votre foi de gentilhomme.

— Ah! c'est juste!

— Vous m'avez juré, poursuivit-elle, que vous m'accorderiez la grâce que je vous demanderais.

— C'est ma foi vrai! dit le prévôt qui devint soucieux.

— Un noble homme comme vous, continua la bohémienne, ne saurait manquer à sa parole.

Cornebut était évidemment flatté d'être appelé tour à tour noble homme et gentilhomme; mais il n'en était pas moins très-embarrassé, et se souvenait qu'il avait pareillement donné sa parole à son favori Chilpéric.

— Voyons, ma petite, dit-il, est-ce que tu ne pourrais pas me demander autre chose?

— Hé! monseigneur, dit-elle naïvement, que puis-je vous demander de plus précieux pour moi que la vie de mon père?

— Je ne dis pas non, mais...

Et Cornebut se grattait l'oreille comme un homme qui cherche une inspiration et ne la trouve pas.

Mais tout à coup, il fit cette réflexion :

— Voyons, se dit-il, la bohémienne a prédit trois choses : la première que Caboche ne pendrait personne aujourdhui;

La seconde, que Chilpéric serait rompu vif. Cette prédiction me chagrine fort;

La troisième enfin, que je mourrais vieux et comblé de richesses et d'honneurs.

La prédiction qui concerne Chilpéric est fâcheuse; mais celle qui me regarde est agréable.

D'ailleurs, si mignon, si spirituel, si bien tourné que soit un page, on trouve toujours à le remplacer.

Tant pis pour Chilpéric.

Et Cornebut qui avait un ardent désir de voir se réaliser la prophétie de la bohémienne, au moins quand à lui, Cornebut lui dit :

— Qu'il soit donc fait ainsi que tu le demandes, car, en effet, je suis un noble homme et un gentilhomme, et je n'ai jamais manqué à mon serment.

Et Cornebut ôta lui-même la corde du cou du vieux bohémien et lui dit :

— Va-t'en, je te fais grâce !

La bohémienne se jeta sur la main du prévôt et l'embrassa. La foule hurlait, trépignait, demandait qu'on pendît le bohémien ; mais le bohémien agile comme tous les gens de sa race, avait franchi d'un bond le cercle des archers et avait déjà disparu.

Chilpéric atterré était tombé du haut de sa selle sur le sol, tandis que Caboche et ses aides s'en allaient tristement.

Alors le peuple déçu dans sa curiosité revint à sa colère et la trêve entre les soldats et les ribauds se trouva rompue.

Les archers furent chargés par les bourgeois, et les bourgeois se mirent à crier :

— Sus aux soudards ! mort au prévôt !

Une vraie bataille allait s'engager lorsque, tout à coup, du milieu de la foule, un homme surgit, qui sauta sur la selle d'un archer qui venait d'être tué.

Et à la vue de cet homme, de ce personnage mystérieux plutôt, la foule prise de terreur recula.

Ce personnage était vêtu de rouge, et le peuple qui se souvenait de la résurrection de Fleur-d'Amour, se prit à hurler :

— C'est Satan !

Et Satan, ou plutôt Michaël, poussa son cheval aux côtés du cheval de Cornebut en lui disant :

— Il est temps que je vienne à ton aide, mon compère, car, sans moi, tu ne sortirais pas vivant d'ici.

— Le diable ! murmura le prévôt ému.

— Qui vient te défendre, ami prévôt. Le populaire est en fureur, et tu risquerais, sans moi, d'être écharpé.

Et après lui avoir dit ces mots à l'oreille, Satan-Michaël tira une longue épée et cria :

— Place ! place !

Les archers s'étaient rangés en bon ordre autour de Cornebut.

Michaël se mit à leur tête.

Le peuple fuyait devant eux, répétant :

— C'est le diable !

Et à mesure que la foule s'ouvrait, les archers passaient et ils gagnaient ainsi le pont au Change, et les portes du Châtelet s'ouvrirent enfin devant eux.

Pendant tout le trajet, Michaël avait chevauché le premier ; mais, chose bizarre ! quand les portes du donjon se furent refermées sur lui et ses soldats, Cornebut eut beau chercher des yeux son étrange libérateur...

Satan avait disparu.

Le diable seul, du moins ce fut l'opinion de François Cornebut, pouvait tout à coup devenir invisible.

Et le prévôt, heureux d'en être quitte à si bon marché, monta en ses appartements et se fit ôter par ses pages sa cuirasse, ses brassards et ses cuissards.

— Qu'est donc devenu Chilpéric? se dit-il alors.

Il l'envoya demander aux archers qui l'avaient suivi.

Mais nul ne put le dire.

On avait perdu de vue mons Chilpéric depuis le moment où les ribauds et les archers avaient fait trève dans l'espoir d'assister à l'exécution du bohémien.

— Peut-être a-t-il été tué? murmura le prévôt.

Et poussant un soupir, il ajouta :

— Après cela, dame ! cela vaut toujours mieux pour lui que d'être rompu vif.

Depuis que Pepa la danseuse lui avait prédit qu'il mourrait vieux, riche et comblé d'honneurs, Cornebut songeait à ses prophéties et l'idée que Chilpéric périrait sur la roue ne faisait plus pour lui l'ombre d'un doute.

Mais comme il faisait cette réflexion, Cornebut vit la porte s'ouvrir, et un homme pâle et l'œil en feu entra.

C'était Chilpéric.

— Bon! s'écria le prévôt, te voilà donc?

— Cela vous étonne peut-être, dit le page avec amertume.

— J'avais peur que les ribauds ne t'eussent tué.

— Cela eût peut-être mieux valu pour moi, dit encore Chilpéric.

Et il attacha sur le prévôt un regard plein de colère et de reproche.

— Ah! dit Cornebut, je sais bien ce que tu me vas dire. Je t'avais promis un pendu...

— Et vous avez manqué à votre serment, monseigneur; pour un noble homme, c'est mal.

— Hélas! je le sais, mon mignon, répondit le prévôt; mais j'avais fait pareillement un serment à la bohémienne. Celui-là était le premier en date.

— Ce qui fait, monseigneur, que je serai rompu vif.

— Bah! tu crois à cela?

Et Cornebut essaya de sourire pour réconforter le page.

— J'y crois, monseigneur; aussi vais-je faire tous mes efforts pour conjurer la destinée.

— C'est ton droit, mon mignon; mais que feras-tu?

— La première prophétie de la bohémienne s'est réalisée : grâce à vous, monseigneur, Caboche ne pendra personne aujourd'hui; mais la seconde ne se réalisera pas, je vous le jure!

— Que feras-tu donc pour cela?

— N'a-t-elle pas dit qu'elle serait rompue auprès de moi?

— Oui.

— Eh bien ! elle ne sera pas rompue, je le jure par l'enfer.

— Ah ! bah !

— Non, car ce soir même, je lui planterai ma dague dans le cœur.

— Ah ! bah ! fit Cornebut.

— Et vous m'avez assez prouvé déjà que vous m'aimiez fort, monseigneur, pour ne me point octroyer par avance des lettres d'abolition de mon crime.

— Tu veux donc tuer cette pauvrette ?

— Oui, monseigneur.

— Mais, c'est une femme !

— Ce n'est pas une femme pour moi, c'est un démon.

— Elle est bien jolie !

— Que m'importe ! en la tuant je conjure ma destinée !

— Ma foi, fit Cornebut, fais ce que tu voudras, ce n'est point moi qui te chagrinerai pour avoir tué une bohémienne.

— Et Géromée ? dit le prévôt, en essayant de distraire l'esprit frappé de son page.

— Je ne pense plus à Géromée en ce moment, je ne pense qu'à n'être pas rompu vif.

— Va donc, et fais ce que tu veux, dit Cornebut.

— Au revoir, monseigneur, j'ai votre parole ?

— Oui, certes.

— Et le page s'en alla.

Et quand le page fut parti, Cornebut murmura :

— Ce pauvre Chilpéric ! il se fait des illusions, j'imagine ! les bohémiens sont tous enfants d'une même famille et ils se protégent mutuellement. Chilpéric n'a pas encore plongé sa dague dans le cœur de la jolie fille qui m'a prédit de si belles choses...

Cornebut était seul, car ses varlets l'avaient quitté en voyant entrer Chilpéric son favori.

Mais il parlait tout haut ; sa surprise fut grande quand une voix, qui paraissait sortir des profondeurs du sol, lui répondit :

— Tu as raison, François Cornebut, les bohémiens sont prêts à se défendre eux-mêmes.

— Satan ! murmura Cornebut qui reconnut cette voix qui, tout à l'heure, vibrait à son oreille.

— Oui, dit la voix, c'est moi qui te viens donner un conseil et te réclamer le prix de mes services.

— Je vous écoute, messire Satan, répondit humblement Cornebut, et je suis respectueusement à vos ordres.

— Défie-toi de ton page, dit encore la voix.

— Ah ! dit Cornebut, il m'était pourtant dévoué.

— Oui, mais il te trahira peut-être un jour.

— Ah ! dit Cornebut pensif.

— Tout à l'heure, poursuivit la voix, je t'ai sauvé de la fureur du peuple.

— Cela est vrai, messire Satan.

— Mais cette fureur n'est point apaisée, et c'est à toi à conjurer l'orage qui gronde.

— Que dois-je faire?

— Le peuple a pris les armes pour défendre sa nouvelle idole, le capitaine Fleur-d'Amour.

— Eh bien?

— Veux-tu calmer le peuple et être adoré de lui autant que tu en es haï?

— Que dois-je faire?

— Envoyer à Fleur-d'Amour ses lettres d'abolition.

— Je le vais faire sur-le-champ.

— Et lui rendre son emploi de capitaine dans les archers.

— Je vous obéirai, messire.

— Mais, reprit la voix, ce n'est pas tout ce que j'attends de toi.

— Parlez, j'obéirai.

— Fais-moi le serment de ne jamais poursuivre ni inquiéter les bohémiens.

— Ah! de grand cœur, je le jure, répondit Cornebut qui songeait avec ivresse à la prophétie de Pepa la danseuse.

— Enfin, acheva la voix, le temps est proche où j'aurai besoin que tu m'obéisses aveuglément.

— Que devrai-je faire?

— La Périne te le dira, adieu...

Et la voix s'éteignit.

Cornebut voulut parler encore, il appela:

— Messire Satan, un mot encore, rien qu'un mot?...

Mais Satan ne lui répondit pas, et Cornebut soupira et se dit :

— Il est sans doute retourné en enfer. Cependant, lui, qui sait l'avenir aussi bien que le présent, aurait pu me dire si la prophétie de la bohémienne s'accomplira...

Et Cornebut tomba en une rêverie profonde.

. . . .

Et, pendant ce temps, Chilpéric sortait une seconde fois du Châtelet et se faisait à lui-même le serment qu'il venait de faire à Cornebut, à savoir qu'il planterait sa dague au cœur de la bohémienne, pour conjurer la destinée épouvantable qui le menaçait.

Mais au moment où les portes de fer du donjon se refermaient derrière lui, une main large et pesante tomba sur son épaule.

Chilpéric se retourna et reconnut le moine.

— Que veux-tu encore, ivrogne? lui demanda-t-il.

— Je veux que tu tiennes ta parole, répondit le moine.

— Quelle parole?

— Celle que tu m'as donnée, il y a deux heures, de me payer à boire.

— Je n'ai pas le temps.

— On a toujours le temps de boire, dit le moine.

Chilpéric regarda cette face large et presque léonine, ces lèvres lippues, ce nez épaté, ces yeux féroces et ces épaules herculéennes, et une pensée lui vint :

— Cet homme, se dit-il, peut me donner un coup de main à l'occasion.

Et, souriant au moine :

— Tu as raison, dit-il.

— Ah ! tu en conviens ?

— Oui, on a toujours le temps de boire.

— Certainement, fit le moine.

Et il passa familièrement son bras sous celui du page, ajoutant :

— Où allons-nous ?

— Où tu voudras.

— Allons chez Carapin alors, à la taverne de l'*Écu rogné*.

— Merci bien ! dit Chilpéric.

— Tu ne veux pas ?

— Non, les ribauds dont je me suis moqué la nuit dernière me feraient un mauvais parti.

— Je te prends sous ma protection, ne crains rien.

Et le moine étendit majestueusement ses mains bruissantes sur la tête de Chilpéric.

Mais celui-ci reprit :

— Je sais un endroit, à deux pas d'ici, où il y a du fameux vin, mon compère.

— Ah ! ah ! dit le moine, dont l'œil brilla

— Veux-tu y venir ?

— Soit, si le vin est bon.

— Meilleur que chez Carapin.

— C'est difficile, grommela le moine, mais enfin... c'est possible. Allons !

Chilpéric l'entraîna.

— Où est-ce donc ? fit encore le moine.

— A deux pas, en face le pont Saint-Michel.

Et comme ils cheminaient d'un pas rapide :

— Tu es un bon vivant, dit le page.

— Et je bois sec, ajouta le moine.

— Et tu es brave ?

— Plus qu'un lansquenet.

— Alors un coup de couteau ne te fait pas peur ?

— Mon froc est épais; une dague ne le traverserait pas.

— Ce n'est pas ce que je veux dire.

— Qu'est-ce donc ?

— Viens, quand nous aurons le verre à la main je m'expliquerai.

Et Chilpéric continua à entraîner le moine, qui faisait clapper sa langue.

XXI

La taverne où Chilpéric conduisait le moine avait pour enseigne :

Au bon roi Dagobert.

Elle était située dans la Cité, en face du pont Saint-

Michel, et fréquentée par les escholiers, les clercs et les procureurs.

On y voyait rarement un homme d'épée, gentilhomme ou soldat.

Aussi l'entrée de Chilpéric y fit-elle une sensation désagréable que corrigea presque aussitôt la trogne enluminée et paterne du moine.

Tous les deux s'allèrent asseoir dans un coin, le plus loin possible des autres buveurs.

Le moine n'était pas ivre, et son intelligence était au grand complet en ce moment.

— Que veut-il me demander ? pensa-t-il en regardant Chilpéric, et pourquoi m'a-t-il demandé si j'étais brave ?

Chilpéric demanda du vin en bouteille, ce qui indiquait la qualité supérieure.

— Il a besoin de moi, pensa encore le moine.

Les escholiers s'étaient éloignés de ce page à la mine hautaine, au regard insolent, qui traînait d'une façon conquérante ses éperons retentissants sur le pavé.

Donc personne ne pouvait entendre ce que lui et le moine allaient dire.

Chilpéric versa à boire.

Puis, regardant le moine :

— Ne m'as-tu pas dit que le diable t'avait promis de te faire évêque ?

— Oui certes, dit le moine qui vida son verre d'un trait.

— Et tu y comptes ?

— Tout à fait.

— Les promesses du diable ne valent pas les miennes, dit Chilpéric.

— Tu veux me faire évêque, toi aussi ?

— Je te ferai ce que je voudrai. Quand on est le favori de François Cornebut, on fait ce qu'on veut, on a tout pouvoir.

— C'est vrai, dit le moine.

— Donc, écoute-moi.

— Parle, mon fils.

— J'ai besoin de toi...

— Pardi ! cela se voit, fit le moine en clignant de l'œil.

— Mais je paye bien les services qu'on me rend.

Sur ces mots, Chilpéric tira sa bourse et fit briller au travers de ses mailles, les belles pistoles toutes neuves sur lesquelles le moine jeta un regard de convoitise.

Tu es génovéfain ? reprit-il.

— Oui, fit le moine.

— Par conséquent, moine mendiant, et quand tu n'as pas récolté quelque monnaie en tendant la main, tu ne sais comment boire, car les hôteliers ne font pas toujours crédit.

— Hélas ! dit le moine, aussi vrai que je me nomme frère Pancrace, tu parles d'or, mon fils.

— Cependant, poursuivit Chilpéric, les bourgeois de Paris sont peu charitables, les gentilshommes encore moins, et on vous donne plus de croûtes de pain que de deniers.

— C'est que la foi s'en va, dit le moine avec cynisme.

— Eh bien ! que dirais-tu si, chaque matin, on te mettait un bel écu dans la main ?

— Je crois que tu te moques de moi, damoiseau.

— Nullement, et en voici la preuve.

Chilpéric délia les cordons de sa bourse, y prit trois pistoles et les plaça devant le moine stupéfait.

— Tu le vois, dit-il, je paye une semaine d'avance.

— Tu es un amour de page !

Et frère Pancrace empocha les trois pistoles sans plus de cérémonie.

— Mais tu ne penses pas, poursuivit Chilpéric, que ce soit pour l'amour de Dieu que je te donne de quoi te saouler et aller voir les ribaudes durant huit jours.

— Assurément non, dit le moine.

— Si je suis ainsi généreux, c'est que j'ai besoin de toi.

— Eh bien ! parle, mon fils.

— Je t'ai demandé tout à l'heure si tu avais peur d'un coup de couteau.

— Oui, et je t'ai répondu que mon froc était épais, et ma main aussi dure que mon froc.

— Bien. Et donnes-tu un coup de couteau au besoin ?

— Quand il le faut, je sais me défendre.

— A merveille ! Maintenant, réponds-moi. Grâce à ton habit tu vas partout, depuis l'église jusqu'au clapier.

— Naturellement, dit le moine avec simplicité.

— Les soudards te demandent ta bénédiction, les ribaudes te cajolent, et on ne te cherche jamais dispute.

— Jamais.

— Tu es bien l'homme qu'il me faut, reprit Chilpéric, et je te vais faire mes confidences.

— J'écoute, dit frère Pancrace.

— Il faut te dire d'abord que je suis amoureux.

— C'est de ton âge. De qui ça, mon fils ?

— D'une belle fille, ma foi !

— Serait-ce de la Périne ?

— Non.

— De Géromée ?

— Pas davantage.

— De qui donc alors ?

— De cette jolie bohémienne qui dansait sur la corde ce matin au Marché aux veaux, dit Chilpéric.

— Pepa la danseuse ?

— Justement, n'est-ce pas une jolie fille ?

— Superbe ! mais autant vaudrait que tu n'en sois pas amoureux.

— Pourquoi cela ?

— Parce qu'elle est bohémienne.

— Eh bien ?

— Et que si tu t'avisais de lui parler d'amour, tu recevrais un coup de couteau.

— C'est précisément pour cela que je t'ai pris dans mon sac.

Voyons ? poursuivit Chilpéric, les bohémiens habitent tout un quartier ?

— Non, mais toute une rue, la rue de la Vannerie. Le soir, ils tendent une chaîne à chaque extrémité, et ni un soudard, ni un archer, ni un homme d'épée quelconque ne saurait passer.

— Soit, mais... un moine ?

— Ah ! un moine, c'est différent, et bien que les bohémiens soient des mécréants, nous vivons avec eux en bonne intelligence. Et puis, continua frère Pancrace en clignant de l'œil, il y a bohémiens et bohémiens.

— Que veux-tu dire ?

— Il y a parmi eux des filles qui sont sages et d'autres qui ne le sont pas.

— Comme partout.

— Pepa la danseuse est sage. D'abord, c'est la sœur de Michaël.

— Qu'est-ce que Michaël ?

— Un homme qu'on dit être le cousin du diable, s'il n'est pas le diable lui-même, et qui est, en même temps, le roi des bohémiens.

— Ah ! ah ! fit Chilpéric qui fronça le sourcil.

— Or, poursuivit frère Pancrace, si tu touchais à Pepa, tu ne sortirais pas vivant de la rue de la Vannerie.

Le page eut un fier sourire :

— C'est pourtant Pepa qu'il me faut, dit-il.

— Bah ! si tu voyais la Molina, tu la trouverais tout aussi belle.

— Qu'est-ce que la Molina ?

— La sœur de Jérémiah.

— Cela ne m'apprend absolument rien, moine idiot.

— Attends, mon fils, Jérémiah et Molina sont deux sœurs qui, toutes bohémiennes qu'elles sont, exercent au grand jour le métier de ribaudes.

— Et les gens de la tribu ne les ont pas chassées ?

— Non, seulement ils leur ont imposé une obligation.

— Laquelle ?

— De ne plus recevoir aucun homme, bourgeois ou homme d'épée, passé six heures du soir, moment où on tend les chaînes; ce qui fait que les moines ont beau jeu, ajouta frère Pancrace.

— Alors on laisse passer les moines ?

— Toujours. Les moines sont au-dessus des autres hommes.

— Ou au-dessous, dit Chilpéric avec dédain, mais peu importe. Ainsi la Molina est belle ?

— Aussi belle que la danseuse Pepa. Veux-tu que nous l'allions voir demain? Jérémiah est une jolie fille aussi, mais comme je l'aime, je ne t'en parle pas.

— Demain non, mais ce soir, dit Chilpéric.

— C'est impossible, tu n'entreras pas.

— Même si je suis vêtu en moine ?

— Plaît-il ? dit frère Pancrace stupéfait.

— C'est pourtant là mon idée, continua Chilpéric, et c'est pour cela que je t'ai amené ici et que je viens de te donner trois pistoles.

— Mais... mon fils...

— Il n'y a pas de *mais*, dit Chilpéric, il faut que tu me procures une robe de moine à ton couvent ou ailleurs.

— Et puis?

— Et puis tu m'emmèneras dans la rue de la Vannerie.

— Mais si tu es amoureux de Pepa, tu n'en seras pas plus avancé, mon fils. Quand vient le soir, elle a une véritable garde d'honneur, surtout depuis l'aventure du sire de Château-Giron.

— Qu'est-ce que cela? demanda le page.

— Le sire de Château-Giron, répondit le moine, était un jeune fou comme toi qui s'était épris de Pepa en la voyant danser sur la corde en place de Grève.

— Bon ! et que lui advint-il ?

— Il crut, lui, le noble seigneur, qu'il suffisait de s'en aller avec quatre varlets au logis de la belle et de l'enlever gaillardement.

— Et il y alla ?

— Oui, mais il n'en est pas revenu. Les quatre varlets et lui ne sont pas sortis de la rue de la Vannerie. Le lendemain on a trouvé leurs cadavres criblés de coups de couteau.

— Bah! fit Chilpéric, nous verrons s'il m'en arrive autant.

— Depuis lors, poursuivit frère Pancrace, Pepa est toujours entourée des siens et on ne l'approche pas aisément.

— Même quand elle dort?

— Quatre hommes veillent toute la nuit à sa porte.

— Procure-moi toujours le froc que je te demande, nous verrons après.

— Oh! c'est facile, dit le moine.

Et il vida son verre, fit clapper sa langue, quitta la table où il était assis, et alla se placer sur le pas de la porte.

Presque tous les couvents étaient sur la rive gauche; mais, dès le matin, les moines mendiants se répandaient dans tout Paris, couraient les cabarets et encombraient les rues.

Chilpéric ne savait trop ce que voulait faire le moine, mais il avait confiance dans sa sagacité.

Il n'y avait pas deux minutes que frère Pancrace était placé en observation sur le seuil du cabaret qu'il avisa un jeune génovéfain qu'il reconnut aussitôt.

C'était un moinillon de dix-huit ans qu'on appelait frère Théodule.

Un grand jeune homme timide et rougissant qui avait pris le froc pour l'amour de Dieu et que son supérieur envoyait mendier par les rues, au profit du couvent.

Frère Théodule était encore frère lai; il observait la règle de son couvent et se montrait plein d'obéissance envers ses supérieurs.

— Hé! Théodule? lui cria frère Pancrace.

Le frère lai s'approcha.

Pancrace étant son supérieur, il se tint respectueusement devant lui, les yeux baissés.

— D'où viens-tu?

— De mendier, répondit le moine.

— Ta besace est-elle pleine?

— A peu près.

— Où vas-tu?

— Je retourne au couvent.

— Entre ici, dit frère Pancrace.

Le moinillon se prit à rougir comme une belle fille.

— Mais, mon père, dit-il, c'est un lieu de perdition.

— Nullement, dit le moine, c'est au contraire une maison où je suis en train de convertir un gentilhomme.

— Ah! dit frère Théodule, les yeux toujours baissés.

— Allons, viens, dit le moine d'un ton d'autorité.

Frère Théodule devait obéissance à son supérieur.

Le moine le prit par le bras et le fit entrer dans le cabaret. Puis le présentant à Chilpéric :

— Messire, dit-il, voilà le moine le plus sage de tout notre couvent.

— Un joli garçon, dit Chilpéric.

Théodule était rouge comme une pivoine.

— Et qui va boire un verre de vin avec nous, ajouta le page.

Le moinillon fit un geste de refus qu'il accompagna de ces paroles :

— Je n'ai jamais bu que de l'eau.

— Oui, dit frère Pancrace, mais le vin n'est pas défendu.

Chilpéric appela le tavernier et lui dit à l'oreille :

— Renvoie donc tes pratiques, et dis-leur que le couvre-feu va sonner. Tu seras bien payé.

L'hôtelier connaissait Chilpéric.

Il savait que le page était le favori de Cornebut et qu'il mettrait, au besoin, le feu à son cabaret, s'il ne lui obéissait pas.

Un quart d'heure auprès, il n'y avait plus dans la taverne que Chilpéric, frère Pancrace et le moinillon qu'il avait forcé à s'attabler.

Frère Théodule s'était défendu d'abord de boire du vin, mais le moine lui avait fait comprendre que le premier devoir d'un religieux était de se soumettre à la volonté de son supérieur.

Et il lui avait versé un grand verre de vin.

Frère Théodule l'avait bu ; puis frère Pancrace lui en avait versé un second et un troisième, et toujours obéissant, le moinillon avait bu.

Le vin était capiteux, surtout pour l'estomac d'un jeune ascète comme frère Théodule qui ne buvait que de l'eau, mangeait des haricots et des épinards et s'administrait consciencieusement la discipline tous les matins.

Au bout d'une heure le moinillon voulut se lever et il tomba lourdement sur le banc où il était assis.

— Mon père, dit-il à frère Pancrace, ne vous semble-t-il pas que les murs tournent ?

— Ils tournent en effet, répondit le moine.

— Et la table ?

— La table aussi.

— Et les verres et les bouteilles?...

— Tout tourne, dit le moine. Bois ! je te l'ordonne !

Et il lui versa encore un verre de vin.

Ce fut le coup de grâce, le moinillon s'affaissa doucement, sa tête retomba sur sa poitrine, ses yeux se fermèrent et il glissa sous la table.

— Voilà le froc demandé, dit alors frère Pancrace.

Et il se mit sans façon à dépouiller le moinillon de sa robe.

Puis, appelant l'hôtelier :

— Laissez-moi ce gaillard-là dormir tout son soûl jusqu'à demain, dit-il.

— Et demain, dit l'hôtelier ?

— Nous reviendrons probablement avant qu'il ne s'éveille.

— Oh ! assurément, dit Chilpéric.

— Et si vous ne revenez pas...

— Eh bien ! quand il s'éveillera tu lui diras que son supérieur lui a emporté son froc pour le punir de son intempérance.

Chilpéric avait déjà endossé la robe du moine pardessus son pourpoint et il avait gardé son épée.

Puis rabattant le capuchon sur sa tête, il dit à frère Pancrace :

— Allons, viens, partons !

— Je vous suis, dit le moine.

Et tous deux s'en allèrent.

Et comme ils s'acheminaient vers la rive droite, traversaient le pont au Change et gagnaient la rue de la Vannerie qui était le quartier général des bohémiens, Chilpéric se disait :

— J'aime encore mieux périr sous le couteau des bohémiens que d'être rompu vif.

Il était alors huit heures du soir, et les fils de Bohême avaient tendu leurs chaînes.

Mais le moine se présenta le premier.

— Que veux-tu, vieux paillard? demanda un des gitanos qui faisait sentinelle à l'entrée de la rue.

— Passer, dit le moine.

— Où vas-tu ?

— Chez Jérémiah.

Le gitano murmura quelques mots d'un ton de mauvaise humeur et laissa passer le moine.

Chilpéric le suivit, et les bohémiens le prenant pour un vrai moine, ne se doutèrent pas qu'il avait une rapière sous son froc.

XXII

La rue de la Vannerie était très-étroite, comme presque toutes les rues de Paris, à cette époque, du reste.

Les maisons hautes, noires, enfumées, avaient des portes bâtardes et des allées sombres où, difficilement, deux personnes eussent passé de front.

C'était là que les échevins de Paris avaient parqué la tribu des bohémiens.

Mais ils y étaient chez eux, s'y gouvernaient à leur guise, et jamais le chevalier du guet ou le prévôt des archers n'eût songé à se venir mêler de leurs affaires.

A la nuit, nous l'avons dit, on tendait des chaînes aux deux bouts de la rue.

Ces chaînes, qui n'empêchaient pas, du reste, un homme de passer, avaient pour destination d'arrêter une troupe de gens à cheval, dans le cas où il eût plu à messire François Cornebut de faire charger les bohémiens.

Puis, les chaînes tendues, on plaçait un homme en sentinelle à chaque bout et chaque sentinelle était relevée de deux en deux heures.

Le peuple de Paris disait alors que les bohémiens se réunissaient pour préparer leurs maléfices et leurs sortiléges, et qu'ils recevaient en grande pompe le diable qui les venait visiter tous les jours.

La vraie vérité, c'est que ces hommes qui venaient on ne savait d'où, tribu errante de saltimbanques, de sorciers, de nécromanciens et d'alchimistes, avaient l'instinct du foyer, de la famille, de la patrie.

Tribu errante, ils étaient chez eux partout où ils dressaient leur tente.

Ne disant à personne d'où ils venaient, ils avaient

gardé le souvenir de cette patrie mystérieuse et forcément abandonnée par leurs pères.

Peuple microscopique au milieu des grands peuples du monde, ils gardaient pieusement leurs lois, leurs coutumes et cette religion étrange que le peuple de Paris disait infernale parce qu'il ne la comprenait pas et qu'elle ne ressemblait point à celle qu'il ne comprenait pas davantage, du reste, mais dont il avait l'habitude.

Les bohémiens, pendant le jour, s'en allaient par la ville exercer leurs différents métiers ; le soir, ils revenaient chez eux et ils entendaient y être les maîtres. Et ils y étaient les maîtres en effet.

Paris, quoi qu'on en ait dit, quoi qu'on en dise encore, fut, est et sera toujours un sol de liberté, au moins un sol de liberté individuelle.

Pendant les ténèbres du moyen âge, Paris avait ses franchises, son administration municipale, ses échevins, ses maîtrises, ses droits de grande et de petite bourgeoisie : au pays Latin, l'escholier; à la cour des Miracles, les truands; rue Tire-Boudin, les ribauds.

Chacun était maître chez lui.

Le chevalier du guet, le prévôt des archers, les préfets de police du temps, passaient bien, de temps à autre, sur des chevaux caparaçonnés de drap d'or; traînant à leur suite des soudards insolents, et traitant le peuple de vile canaille.

Le peuple, patient de nature, riait sous cape, et ne soufflait mot.

Mais si un archer battait une femme, si un soudard maltraitait un enfant, le peuple ne riait plus, et il massacrait l'archer et le soudard, — témoin Cornebut qui n'avait eu que le temps de rentrer au Châtelet précipitamment.

Puis, à côté de l'administration militaire et brutale, il y avait l'administration tolérante et paternelle de l'échevinage.

Les échevins étaient les enfants de Paris; les fils du peuple, nommés par le peuple pour le gouverner.

Et les échevins disaient :

— A neuf heures, on sonne le couvre-feu, fermez vos fenêtres et les devantures de vos boutiques, puisque le roi et la loi le veulent ainsi; mais faites chez vous ensuite ce que vous voudrez.

Au temps orageux de la Jacquerie, les échevins avaient apaisé le peuple d'un mot et sauvé d'une mort certaine plus d'un gentilhomme à qui ils avaient héroïquement résisté.

Donc, les échevins, ces vrais maîtres de Paris, avaient dit aux bohémiens :

— Vous avez des mœurs, une religion qui ne sont pas les nôtres; mais vous venez nous demander l'hospitalité, soyez les bienvenus. Si vous ne nous faites aucun mal, nous respecterons vos coutumes et nous ne vous brûlerons pas sur les bûchers, comme l'a fait l'Espagne intolérante.

— Paris est la terre de la liberté individuelle, et ce

n'est pas nous qui vous forcerons à adopter nos usages, si les vôtres ne nous gênent pas.

Et les échevins leur avaient donné une rue tout entière où ils s'étaient établis, et où ils vivaient à leur guise.

D'ailleurs, cette petite république avait un chef, et comme, à cette époque, le peuple imitait toujours un peu les grands, comme en notre temps l'ouvrier imite le bourgeois, et le bourgeois singe le grand seigneur, ils avaient donné à ce chef le titre de roi, et ce roi, c'était Michaël.

Chose bizarre encore :

Quand le jour venait, on enlevait les chaînes, et la rue de la Vannerie était comme toutes les rues et tout le monde y pouvait passer.

Les bohémiens se répandaient sur la ville et redevenaient égaux ; Pepa était danseuse, Michaël alchimiste, leur mère disait la bonne aventure ; un autre tirait les cartes, un autre encore avalait du feu ou des lames d'épée au grand ébahissement des badauds réunis en un carrefour.

Il n'y avait plus parmi eux que des frères, des amis, des gens qui se prêtaient mainforte au besoin, mais ne se devaient les uns aux autres aucune obéissance.

Le soir seulement, Michaël redevenait roi, Pepa la danseuse princesse, et quelques autres grands dignitaires de cette cour mystérieuse gouvernaient un invisible royaume, car les bohémiens n'avaient pas de terres et se proclamaient cependant les maîtres du monde.

Qu'on nous pardonne ces détails, oiseux en apparence, mais d'une grande importance, comme on le verra, pour la suite de cette histoire.

Chilpéric, conduit par le moine et grâce au froc du frère Théodule, avait donc franchi la chaîne qui séparait la rue de la Vannerie du reste de Paris.

Les moines passaient partout, surtout frère Pancrace, qui avait assez fait profession d'incrédulité et même d'impiété, pour que les bohémiens fussent certains qu'il ne venait pas pour les convertir.

Ainsi qu'il l'avait dit à Chilpéric, toutes les bohémiennes n'étaient pas des forteresses de vertu. Il y avait vers le milieu de la rue, deux sœurs, Molina et Jérémiah, qui faisaient tout le jour le bonheur des archers et des soldats, et le soir, le bonheur des moines.

Frère Pancrace s'était épris de Jérémiah et il la visitait régulièrement tous les soirs.

Non qu'il la couvrît d'or, mon Dieu !

Frère Pancrace était moine génovéfain, partant mendiant ; mais, en dépit de sa trogne enluminée, c'était un assez bel homme, jeune encore, un robuste moine enfin !

Et Jérémiah le préférait, — elle dont le métier était d'aimer un peu tout le monde, — à plus d'un beau page ou d'un gentil damoiseau qui se mettait parfois la cervelle à l'envers pour ses grands yeux ardents et sa peau dorée au soleil.

Quand le moine venait, Jérémiah eût jeté par la fenêtre

un beau capitaine, se fût-il appelé Fleur-d'Amour.

Et le moine abusait de cette faiblesse, car lorsqu'il n'avait plus ni sou ni maille, Jérémiah lui donnait à boire et parfois glissait un écu dans la poche graisseuse qu'il avait sous son froc. Or donc, une fois dans la rue, le moine dit à Chilpéric :

— Sais-tu le latin ?

— Non, répondit le page, et je me repens même de savoir signer mon nom.

— Pourquoi cela ?

— Parce que Cornebut qui n'est qu'un boucher, prétend qu'un noble homme ne sait ni lire ni écrire.

Le moine haussa les épaules :

— C'est fâcheux, dit-il.

— Pourquoi cela ?

— Parce que si tu savais le latin, nous causerions à notre aise.

— Bah ! dit Chilpéric, je n'ai pas besoin de causer. Montre-moi la porte de Pepa, c'est tout ce que je demande.

Le moine se mit à rire :

— Je te la montrerai, mais auparavant, je te ferai voir Molina.

— Je me moque de Molina.

— Et Jérémiah...

— Je m'en moque aussi.

— Mon fils, dit sévèrement le moine, tu oublies que

je suis ton bienfaiteur et que, sans moi, tu ne serais pas venu jusqu'ici.

— C'est vrai, dit Chilpéric.

— Par conséquent, tu ne peux me refuser de venir voir Jérémiah, qui est la ribaude de mon cœur, et sa sœur Molina qui, très-certainement, te trouverait de son goût, car tu es joli à croquer.

Chilpéric était un garçon de bon sens. Il avait fait du moine un auxiliaire et le moine paraissait décidé à le servir; il ne voyait donc pas la nécessité de le froisser. D'ailleurs n'avait-il pas toute la nuit devant lui pour mettre à exécution son sinistre projet et assassiner Pepa la danseuse.

— Puisque tu y tiens, dit-il, je ne te contrarierai pas pour si peu. Allons voir ces merveilles de beauté dont tu parles.

— A la bonne heure, dit le moine.

Et il passa son bras sous le bras du page.

— Prends garde de me faire entr'ouvrir mon froc, dit Chilpéric.

— Ah! c'est juste, on verrait ton épée, et il pourrait nous arriver malheur.

En effet, les bohémiens encombraient la rue, et ils regardaient passer le moine et son compagnon avec une dédaigneuse indifférence, justifiant ainsi cette opinion universelle que le moine se rapprochait du pourceau bien plus que de l'homme.

La maison qu'habitaient les deux sœurs était située vers le milieu de la rue.

On y arrivait par une allée sombre, un escalier étroit auquel une corde clouée le long du mur servait de rampe.

Mais le moine avait ce chemin familier, et il se borna à dire à Chilpéric :

— Prends ma main, si tu as peur de tomber.

Chilpéric la saisit.

Au premier étage, le moine frappa à une porte qui s'ouvrit aussitôt.

C'était Jérémiah qui lui venait ouvrir.

— J'ai reconnu ton pas dans l'escalier, dit-elle.

— Et ton cœur a battu, dit le moine.

Jérémiah se prit à rire.

— Vieil ivrogne, dit-elle, si tu n'étais pas si paillard on ne t'attendrait pas ainsi.

Puis, apercevant Chilpéric qui était derrière frère Pancrace, elle eut un geste de surprise.

— Ne t'effraye pas, dit le moine, c'est un moinillon de mon couvent que je forme aux belles manières.

— Ah! dit la ribaude.

— Et je lui veux montrer Molina.

— Ma sœur?

— Par Jupiter, dit le moine, s'il n'en tombe amoureux à l'instant même, il sera le dernier des cuistres. Vois comme il est mignon.

Et le moine rejeta en arrière le capuchon de Chilpéric.

— Il est mignon, en effet, dit la bohémienne.

— N'est-ce pas?

— Mais Molina est farouche ce soir comme une louve à qui on a pris ses petits.

— Elle s'adoucira en voyant ce joli moinillon.

— Oh! non, car elle pleure toutes les larmes de son corps.

— Et pourquoi donc ça? dit naïvement le moine, qui avait l'humeur joyeuse. Quand la vie est un long éclat de rire, c'est bête de pleurer.

Sur ce mot plein de philosophie, il tira de sa poche une des pistoles de Chilpéric et la jeta sur la table.

— Aujourd'hui, dit-il, c'est moi qui paye! à boire, ribaude de mon cœur.

Et il appuya ses lèvres lippues sur les lèvres rouges de la belle bohémienne et lui donna un baiser retentissant.

Mais Jérémiah hocha tristement la tête.

— Tu tombes mal, dit-elle, Molina ne voudra pas souper avec nous.

— Où est-elle?

— Là, elle pleure.

Et la bohémienne montrait la porte fermée d'une autre chambre.

— Par le sang du Christ et les cornes du diable! jura le moine, pourquoi donc pleure-t-elle?

— Parce qu'elle est affolée.

— De qui ?

— Oh ! fit Jérémiah, c'est toute une histoire, moine de mon cœur !

Et comme le moine s'asseyait pesamment sur un escabeau, elle se mit sur ses genoux.

— Conte-moi donc ça, la belle, dit-il.

— Elle est affolée, et elle est jalouse.

— Ah bah ! fit le moine, qui n'avait pas de lui-même comme on va le voir, une mince opinion, je vois la chose. C'est moi dont elle est affolée, et toi dont elle est jalouse !

Jérémiah eut un éclat de rire si franc, si moqueur, que le moine en fut tout déconcerté.

— Mais, dit-il, est-ce que je me trompe ?

— Mais oui, mon vieux chéri, dit-elle. Il n'est pas plus question de toi que du prévôt des archers.

— Ah bah ! fit le moine abasourdi.

— Sais-tu de qui elle est affolée ?

— D'un homme qui la venait voir quelquefois et que nous ne connaissions ni l'une ni l'autre. Il portait rapière comme un soldat, et nous pensions que c'était quelque bas officier au service du roi. Un beau garçon, du reste, et qui donnait généreusement une pistole à chacune de ses visites. Or, figure-toi qu'aujourd'hui nous sommes sorties, Molina et moi.

— Bon ! dit le moine qui n'était plus que médiocrement intéressé.

— Quand nous sommes arrivées en place de Grève, nous avons vu une foule immense.

— J'y étais, dit le moine.

— La potence était dressée, et le bourreau attendait un patient.

— Qu'il n'a pas eu, dit le moine.

— Or, poursuivit Jérémiah, voici que Molina a jeté un cri et elle s'est à moitié évanouie dans mes bras. L'homme qui nous venait voir et dont elle s'était affolée, c'était le bourreau, messire Caboche.

A ce nom que Jérémiah prononçait à haute voix, une porte s'ouvrit et une femme apparut, l'œil en feu, disant :

— Qui parle de Caboche ici ?

Cette femme, c'était Molina.

Molina était blonde, comme Jérémiah sa sœur était brune.

On a vu des fleurs pâles du Nord éclore au soleil ardent du Midi et n'en pas être brûlées.

Jérémiah était une belle fille à la peau dorée, aux cheveux d'ébène, aux lèvres rouges comme du sang.

Elle avait les bras robustes, les hanches fortes, la taille un peu épaisse, car le métier d'amour engraisse assez facilement celles qui l'exercent.

Molina était blonde, elle avait les yeux bleus, une taille élancée et fine.

On eût dit un épi d'or se balançant au vent du soir.

Et Chilpéric, qui s'y connaissait, murmura :

— Elle est presque aussi belle que Géromée.

Molina regarda les deux moines, elle regarda sa sœur et répéta :

— Qui donc parle de Caboche ?

— Moi, dit Jérémiah, et je disais que tu en étais folle.

— C'est vrai, dit Molina, et aussi vrai que je suis une fille d'Égypte, je donnerais tout mon sang pour voir une belle dague de huit pouces plantée dans le cœur de Pepa la danseuse.

A ces mots, Chilpéric tressaillit des pieds à la tête et regarda Molina, dont les yeux étincelaient de fureur et de haine !...

X

Chilpéric n'avait pas soufflé mot.

La ribaude Jérémiah avait eu un haussement d'épaules qui voulait dire : Je sais pourquoi tu hais Pepa.

Seul, le moine qui ne savait rien, partit d'un grand éclat de rire.

— Ma petite, dit-il, c'est fort bien d'aimer Caboche. C'est un beau gars, et tout couvert de sang qu'il soit, il peut bien aimer comme un autre homme. Mais ce n'est pas une raison pour vouloir tuer Pepa la danseuse.

Molina, sombre et farouche, ne répondit rien.

Ce fut Jérémiah qui se chargea de faire la lumière au milieu de cette obscurité.

— Moine de mon cœur, dit-elle, si Molina n'était pas entrée, tu saurais déjà de quoi il s'agit.

— Parle donc, ma chérie.

Et le moine embrassa de nouveau Jérémiah.

Chilpéric paraissait moins étonné. Il trouvait vaguement une partie de la vérité.

Jérémiah reprit :

On allait pendre un des nôtres. Pepa la danseuse, qui est une sœur de notre roi, s'est élancée sur l'échafaud ; ce qu'elle a dit, nous ne le savons pas au juste ; mais elle a prétendu que le patient était son père.

— Et ce n'est pas vrai ?

— Aucunement.

— Le moyen était bon, puisqu'il a réussi.

— C'est-à-dire, fit Molina avec un accent de haine, que Caboche l'aime…

— Ce qui n'aurait pas empêché Caboche de pendre le bohémien, observa Chilpéric, si le prévôt l'avait voulu.

— Et pourquoi le prévôt a-t-il fait grâce ? demanda Jérémiah.

— Parce qu'il avait promis, ce matin même, à Pepa, de lui accorder ce qu'elle lui demanderait.

— Je ne crois pas cela, exclama Molina.

— Ah bah ! dit Chilpéric.

— Caboche aime Pepa.

— C'est vrai, dit froidement Chilpéric.

— Il l'aime follement, comme je l'aime, moi, et c'est pour cela que je la hais, maintenant.

— Et que tu la voudrais morte ! dit le moine.

— Oui, répondit-elle avec un accent de cruauté sauvage.

Le moine se mit à rire :

— A ta place, dit-il, je ne serais pas jalouse, moi.

— Et pourquoi ? dit Jérémiah.

— Parce que Pepa n'aime pas Caboche.

— Que m'importe ! puisqu'il l'aime, lui !

Le moine haussa les épaules.

— On voit bien, dit-il, que tu es une fille du soleil, et qu'il t'a brûlé le cœur comme il a brûlé la peau de Jérémiah. Nous autres, les gens du pays de France, nous sartageons en amour comme nous buvons à un ou plupieurs la même bouteille de vin, dans le même verre, au besoin.

— Ah ! dit encore Molina, je voudrais voir Pepa sur les charbons ardents d'un bûcher.

— Enfin, tu la hais ?

— De toute la puissance de mon cœur.

— Tu voudrais la voir morte ?

— Je donnerais, je vous l'ai dit, la dernière goutte de mon sang à celui qui la tuerait.

— Pourquoi ne te charges-tu pas toi-même de la besogne ? dit le moine. Une fille de Bohême comme toi a toujours un poignard à sa jarretière.

— C'est vrai.

— Et du poison à sa ceinture.

— C'est encore vrai, dit Jérémiah, tandis que sa sœur retombait dans un silence farouche; mais vous ne savez pas tout, messires les moines.

— Ah! ah! ricana frère Pancrace.

— Molina donnerait son sang, poursuivit Jérémiah; mais elle ne donnerait pas celui de sa fille.

— Hein? fit Chilpéric; elle a donc une fille?

— Oui, une enfant de trois ans, qui est en ôtage.

— Où donc cela?

— Dans la maison de Michaël, notre roi.

— Voilà qui se complique, observa le moine; explique-toi donc plus clairement, ma chérie.

— Alors écoutez-moi, dit Jérémiah.

Puis, comme elle savait que le moine avait toujours soif, elle alla ouvrir un bahut, y prit un pot de vin et le plaça sur une table devant lui.

— Bois, dit-elle, quand tu as le verre en main, on fait de toi ce que l'on veut.

— C'est vrai, dit-il, mais pas n'est besoin de verre.

Et il prit le pot à deux mains, le porta à ses lèvres et but à même une ample et longue gorgée.

— Parle, répéta Chilpéric en regardant la ribaude.

Jérémiah dit alors :

— Vous le savez, nous avons des lois auxquelles nous obéissons fidèlement. Parmi les femmes, est sage qui veut; fidèle à un amant et à un mari, qui veut encore; mais nous sommes libres d'être folles de notre corps, c'est pourquoi Molina et moi nous sommes ribaudes.

Seulement, il nous est interdit, sous peine d'être chassées de la tribu, d'épouser des chrétiens.

— Ah, ah! fit le moine, alors, si je voulais t'épouser?

— Tu ne le peux pas, puisque tu es moine.

— Tais-toi donc, ivrogne, dit Chilpéric et laisse parler Jérémiah.

Le moine donna une nouvelle accolade au pot de vin, et Jérémiah poursuivit :

— Il y a quatre ans, Molina s'était affolée d'amour comme aujourd'hui.

— Pour Caboche?

— Oh! non, pour un bourgeois de la rue aux Ours, et si bien affolée qu'elle en devint mère et mit au monde une fille.

Alors notre roi lui dit :

— Je te donne à choisir : ou porter ton enfant sous le porche d'une église, ou me le confier en ôtage, car une femme de la tribu qui a un enfant d'un chrétien peut nous trahir un jour ou l'autre.

Molina était mère, elle aimait son enfant, et elle le confia à Michaël.

C'est la mère de celui-ci qui l'élève, et Molina a la liberté de l'aller voir.

— Tous les jours? demanda Chilpéric.

— A toute heure, répondit Jérémiah.

— Après? fit le page.

— Alors, reprit Jérémiah, vous comprenez bien que si Molina tuait Pepa d'un coup de poignard, on lui tuerait son enfant.

— C'est fort juste, dit le moine qui avait vidé peu à peu le pot de vin.

— Eh bien! dit Chilpéric, moi j'ai un moyen de tout arranger.

Molina le regarda avec des yeux brillants d'une sinistre espérance.

— Tu es belle, dit le faux moine et je t'aime. Si tu me veux donner une heure d'amour, je plante ma dague au cœur de Pepa.

— Quelle folie! ricana le moine à moitié ivre. Alors c'est toi que les bohémiens tueront.

— Peu m'importe! si Molina m'a aimé une heure, dit Chilpéric.

Et il se pencha à l'oreille du moine :

— Tu n'es qu'un imbécile! lui dit-il.

Le moine fixa sur lui ses gros yeux étonnés.

Chilpéric tira son escarcelle et donna une pistole à Jérémiah :

— Va chercher du vin, lui dit-il, et apporte-nous de quoi souper.

Jérémiah prit la pistole et sortit.

Molina était retombée dans son morne silence et paraissait ne plus voir et ne plus entendre. Repliée en elle-même, elle semblait rêver de quelque espoir sanguinaire.

Chilpéric se pencha encore à l'oreille du moine et répéta :

— Oui, tu es un imbécile.

— Et pourquoi cela? demanda le moine qui comptait les minutes depuis le départ de Jérémiah, car il avait toujours soif.

— Parce que j'ai trouvé le moyen d'arriver jusqu'à Pepa, dont je suis fou. Tais-toi !

Le moine tressaillit.

— Ah! oui, dit-il, je comprends.

Molina n'avait pas entendu un mot de ce colloque, absorbée qu'elle était dans sa fureur jalouse.

Ce ne fut que lorsque Jérémiah revint apportant à boire et à manger, qu'elle leva la tête au bruit de la porte qui se refermait.

Alors, elle regarda Chilpéric.

Le faux moine avait le regard riant, et ses lèvres minces, railleuses, arquées vers les coins de la bouche, annonçaient une âme bien trempée.

Molina eut confiance en lui.

— Oui, dit-elle, je te crois, moinillon. Tu m'aimes donc ?

— Oui ; et puis, je hais Pepa.

— Tu la connais ?...

— Je l'ai vue aujourd'hui pour la première fois.

— Et pourquoi la hais-tu ?

— Parce qu'elle m'a fait perdre une gageure.

— Comment cela ?

— J'avais parié avec un archer de mes amis que Caboche pendrait un homme aujourd'hui.

— Ah! oui, dit Molina, et comme elle a obtenu la grâce du bohémien, tu as perdu ton pari.

— Justement.

Le moine clignait de l'œil et murmurait :

— Il est roué comme un Italien, ce petit page.

— Or donc, poursuivit Chilpéric, si tu veux me donner une heure d'amour, je plante une dague au cœur de Pepa.

— Avant ou après?

— Comme tu voudras, dit le faux moine.

Jérémiah intervint :

— Je te conseille, dit-elle, de te faire récompenser par avance, car si tu tues Pepa, les bohémiens te mettront en pièces.

— Bah! dit Chilpéric, j'ai une amulette sous mon froc qui me protégera ; seulement, la belle, poursuivit-il en s'adressant à Molina, il y a un proverbe qui dit : « Aide-toi, le ciel t'aidera. »

— Eh bien? fit la bohémienne.

— Si tu ne me conduis pas chez Pepa, je ne pourrai la tuer.

— Je t'y mènerai, répondit Molina.

— Quand? demanda le page dont le cœur battait violemment sous sa robe de moine.

Molina regarda le sablier placé dans un coin de la chambre.

— Écoute, dit-elle. A huit heures de relevée les bohémiens se rassemblent.

— En quel endroit ?

— Dans une salle qui est tout au bout de la rue. Tous les hommes y sont et prennent les ordres de notre roi, pour le lendemain.

— Et les femmes ?

— Celles qui veulent y aller y vont ; mais ce n'est pas obligatoire, et il n'y a guère que la mère de Pepa qui s'y trouve avec son fils.

— Et Pepa ?

— Pepa qui a dansé tout le jour est fatiguée, et elle se couche d'ordinaire.

— Et les hommes qui la gardent ? m'a-t-on dit.

— Ils vont à l'assemblée, et, pendant une heure, l'accès de la maison est libre.

— Quelle heure est-il ? demanda Chilpéric.

— Le quart avant huit heures, attendons.

. . . .

Jérémiah, Molina et Chilpéric attendirent donc que la huitième heure sonnât au beffroi des églises voisines.

Quant au vrai moine, il ne buvait plus, l'ivresse en avait eu enfin raison et il s'était endormi la tête appuyée, sur l'épaule de Jérémiah la brune.

Chilpéric, jouant son rôle en conscience, couvrait Molina de baisers et lui faisait des serments d'amour, entre deux verres de vin,

Enfin, la huitième heure sonna.

Alors Jérémiah entr'ouvrit la fenêtre qui donnait sur la rue, appela Chilpéric et lui dit :

— Regarde, mon petit moine.

Chilpéric avança la tête avec précaution et jeta un regard rapide dans la rue.

Elle était pleine d'hommes et de femmes qui se dirigeaient tous vers le même point, c'est-à-dire vers une porte dont ils franchissaient le seuil, l'un après l'autre.

Peu à peu la rue se vida et devint déserte ; alors Molina passa ses bras au cou du faux moine et lui donna un baiser.

— Le moment est venu, dit-elle.

— Tu vas me conduire ?

— Oui, prends ce poignard.

Et elle détacha de sa jarretière un mignon stylet qu'elle lui mit dans la main.

Mais Chilpéric se prit à sourire.

— Je n'en veux pas, dit-il.

— Mais...

— J'ai mieux que cela.

Il entr'ouvrit son froc, et les deux ribaudes étonnées virent qu'il était vêtu en gentilhomme et qu'il portait dague au flanc et rapière au côté.

— Tu n'es donc pas moine ? exclama Molina.

— Non. Et c'est pour arriver jusqu'à toi que j'ai emprunté ce froc, répondit Chilpéric.

— Viens donc alors, dit Molina.

Et elle le prit par la main et ouvrit la porte.

Jérémiah avait étendu le moine par terre, de façon qu'il pût ronfler plus commodément.

Elle accompagna Chilpéric et sa sœur jusqu'à l'escalier, et dit à Molina en langue égyptienne :

— Tu feras bien de te sauver le plus tôt possible, car si Michaël sait que tu as armé la main du page, nous sommes perdues !

— Ne crains rien, répondit Molina, je me sauverai à temps.

Et elle descendit, entraînant le faux moine qu'elle conduisait toujours par la main.

La maison de Pepa était située à peu près vis-à-vis de celles des deux ribaudes.

Molina leva la main vers une fenêtre éclairée.

— C'est là-haut, dit-elle, au second étage.

Ils traversèrent la rue, grimpèrent silencieusement et sur la pointe du pied les marches étroites d'un escalier sombre ; puis Molina s'arrêta devant une porte sous laquelle passait un filet de lumière.

Chilpéric colla son œil a trou de la serrure et regarda.

On n'entendait aucun bruit dans la chambre et, en face de la porte, se trouvait un lit dont les rideaux de serge étaient entr'ouverts.

Sur ce lit, la danseuse était étendue et paraissait dormir.

Elle n'avait point ôté ses vêtements; ses jambes étaient toujours couvertes du maillot rouge et une basquine de velours noir à franges rouges enserrait sa taille et emprisonnait sa gorge rebondie.

— Elle dort, dit Molina.

La clé était sur la porte.

Chilpéric mit la main dessus et la tourna avec précaution.

La porte s'ouvrit et Pepa ne s'éveilla point.

Alors le page entra et marcha droit au lit.

Molina, ivre de haine, attendait, palpitante, au seuil de la chambre.

Le page entr'ouvrit de nouveau son froc et tira sa dague du fourreau.

Cependant Pepa était si belle, elle dormait si confiante en son étoile, que Chilpéric hésita et fut sur le point de rebrousser chemin et de prendre la fuite.

Mais Molina lui dit à mi-voix :

— Tu as donc peur? Tu ne m'aimes donc pas?

En même temps une voix secrète criait au page :

— Tu veux donc que ta destinée s'accomplisse? Tu veux donc être rompu vif?

Un nuage rouge passa devant les yeux de Chilpéric, et il leva sa dague pour frapper, visant au cœur la danseuse endormie...

XXIV

Molina avait vu le faux moine lever le bras ; elle détourna la tête et prit la fuite.

Mais elle était à peine au milieu de l'escalier qu'elle entendit un cri, puis un blasphème épouvantable et le bruit subit d'une lutte.

Alors Molina pensa que Chilpéric avait manqué son coup, frappé la bohémienne sans la tuer, et que celle-ci, réveillée en sursaut, se débattait contre son assassin.

Molina ne devinait la vérité qu'en partie, comme on va le voir.

En ce moment, la haine parla chez elle plus haut que la prudence et la crainte de la mort.

Elle voulait aider le faux moine si, par hasard, il n'était pas assez fort, et elle remonta précipitamment.

Mais il y avait trois personnes dans la chambre au lieu de deux.

Deux hommes et une femme.

La femme, Pepa la danseuse, pâle, échevelée, l'œil en feu, s'était réfugiée derrière un homme qui avait l'épée à la main et tenait tête à Chilpéric qui, jetant sa dague, avait tiré sa rapière, retroussé sa robe de moine et se défendait vaillamment.

Comment Pepa était-elle vivante encore ?

Comment un défenseur lui était-il arrivé tout à coup, et au moment où tous les hommes étaient à l'assemblée des bohémiens ?

C'est là ce que nous allons expliquer en faisant un pas en arrière, et nous reportant à cette heure de la journée où les ribauds et les bourgeois ralliés par le capitaine Fleur-d'Amour avaient chargé les archers dans la rue de la Mortellerie et les avaient refoulés jusqu'à la Grève où, comme on s'en souvient, la potence et maître Caboche attendant son patient avaient fait diversion au combat et amené entre les soldats et le peuple une trêve tacite.

Fleur-d'Amour était si exaspéré contre le page Chilpéric, qu'il avait reconnu à la tête des archers, qu'il avait fait mille efforts pour arriver jusqu'à lui et engager un combat singulier.

Mais quand il fut arrivé en place de Grève, quand il aperçut le gibet auquel la veille même il avait été accroché, il eut comme un éblouissement mêlé de vertige.

Fleur-d'Amour était un brave soldat, il n'avait jamais eu peur de la mort, et on sait avec quel sang-froid plein d'insouciance il s'en allait au supplice, la veille de ce jour ; mais le beau capitaine était amoureux ; il aimait Géromée, la fille belle et sage qu'il avait épousée le matin, et avec laquelle il devait quitter Paris nuitamment pour mettre quelques provinces entre lui et le farouche Cornebut, son mortel ennemi.

Et Fleur-d'Amour, apercevant le gibet, trembla pour la première fois de sa vie, et il se dit : « Si je meurs à présent, que deviendra Géromée ? »

Aussi renonça-t-il à chercher Chilpéric et demeura-t-il perdu dans cette foule immense qui oubliait sa colère pour se repaître de l'émotion d'un supplice.

Sans doute d'autres gens que lui faisaient les mêmes réflexions, car tout à coup Fleur-d'Amour vit un homme surgir auprès de lui, qui lui jeta une cape sur la tête et un manteau sur les épaules.

Cet homme, que Fleur-d'Amour ne connaissait pas, mais qu'à son teint basané et à ses yeux brillants il ne pouvait méconnaître pour un bohémien, lui dit :

— L'air de la Grève est malsain pour toi, capitaine, tu veux donc que Géromée soit veuve au lendemain de son mariage ?

Et il prit par le bras le capitaine Fleur-d'Amour rendu méconnaissable par la cape qui lui couvrait le visage et le manteau qui dissimulait son pourpoint de buffle, et l'entraîna hors de la foule.

— Qui es-tu donc, toi ? fit le capitaine revenu de sa première émotion.

— Tu ne me connais pas, mais je suis un ami. Viens!
— Où me conduis-tu ?
— Tu le verras.

Fleur-d'Amour était robuste ; mais le bohémien était dix fois plus fort que lui, et il eût vainement essayé de résister.

Du reste, il ne se défendit pas trop, car il songeait à Géromée et trouvait pareillement que l'air de la place de Grève ne lui valait rien.

Jouant des coudes, bousculant la foule qui se pressait vers l'échafaud, le bohémien et Fleur-d'Amour arrivèrent ainsi jusqu'au seuil de la taverne de l'*Ecu rogné*. La taverne était vide. Tous ceux qui l'emplissaient tout à l'heure s'étaient rués sur la place de Grève.

Le bohémien prit une table dans ses bras nerveux et la porta devant la porte.

Puis sur la table il posa un escabeau et dit à Fleur d'Amour :

— Monte et regarde !

Fleur-d'Amour obéit machinalement.

Ainsi perché, il dominait la foule, et voyait distinctement la potence, le bourreau et ses aides.

— Où est donc le patient? dit-il.

— Patience, répondit le bohémien qui était monté auprès de lui, tu vas le voir...

Alors Fleur-d'Amour attendit.

De l'endroit où il était, il put voir la foule s'entr'ouvrir, et onduler au milieu d'elle ce fleuve de hallebardes, de casques et de cuirasses qui se dirigeait vers le gibet, et qui n'était autre que l'escorte de François Cornebut, amenant lui-même sa proie au bourreau.

Fleur-d'Amour avait reconnu le prévôt à son panache rouge et blanc.

— Tudieu ! dit-il en regardant le bohémien, qui donc va-t-on pendre, que Cornebut se dérange ainsi ?

— Un bohémien comme moi.

— Ah ! dit Fleur-d'Amour étonné.

— Mais on ne le pendra pas.

— Hein? dit encore le capitaine, qui crut que son compagnon se moquait de lui.

— Je te répète, dit celui-ci, qu'on ne le pendra pas.

— Et pourquoi cela?

— Parce que le maître ne le veut pas.

— Quel maître ?

— Celui-là même qui n'a pas voulu que tu fusses pendu toi-même.

— Satan ! ah ! par exemple !

— Que ce soit Satan ou tel autre personnage, ricana le bohémien, peu t'importe.

Cependant le patient était au pied du gibet et on allait lui mettre la corde au cou.

— Je crains bien, mon camarade, dit alors Fleur-d'Amour, que tu ne te sois trompé, pour cette fois.

— Ah ! tu crois, capitaine ?

— Cornebut n'est pas venu jusqu'ici pour voir sa volonté méconnue.

Mais comme il disait cela, Fleur-d'Amour vit une femme qui s'élançait auprès de Cornebut et lui parlait avec animation.

C'était Pepa la danseuse.

Il assista alors des yeux, car il était trop loin pour

entendre, à cette scène bizarre que nous avons décrite; il vit Caboche retirer la corde du cou du patient et celui-ci s'en aller tranquillement.

Alors le bohémien lui dit :

— Tu vois qu'il y a dans la bonne ville de Paris des hommes plus puissants que François Cornebut.

— Cela est vrai, murmura Fleur-d'Amour stupéfait.

— Maintenant, reprit le bohémien, viens avec moi.

— Où me conduis-tu? répéta le capitaine.

— En un lieu où les archers de Cornebut ne viendront jamais te chercher.

Ils quittèrent la taverne de l'*Ecu rogné* et s'engagèrent dans le dédale de ruelles qui avoisinaient la place de Grève.

Bientôt Fleur-d'Amour comprit qu'il le conduisait dans la rue de la Vannerie, et il se dit à part lui :

— Ma destinée est vraiment singulière! Me voilà, moi, soldat du roi, sous la sauvegarde de ces mécréants qu'on appelle les bohémiens.

Son guide le conduisit en effet dans la rue de la Vannerie, à peu près déserte à cette heure.

Les bohémiens, répandus par la ville, n'étaient pas encore rentrés, et il n'y avait que des femmes et des enfants qui jouaient au seuil des portes.

— Mais, dit Fleur-d'Amour, Géromée m'attend.

— Sois tranquille, on la préviendra que tu es en sûreté.

La cape et le manteau que portait Fleur-d'Amour

étaient rouges ; personne, grâce à cet accoutrement, qui était celui des bohémiens, ne fit attention à lui ; son guide le conduisit dans la maison de Michaël et lui dit :

— Maintenant, il faut attendre le maître.

Une vieille femme rentra en ce moment.

Fleur-d'Amour reconnut celle qui lui avait donné à boire quand il marchait au supplice.

— Ah ! ah ! fit-elle, te voilà ? Eh bien ! mon beau capitaine, que dis-tu de la boisson que je t'ai servie hier.

— Elle m'a brûlé, dit Fleur-d'Amour.

— Oui, mais elle t'a empêché de mourir.

— Je ne suis donc pas mort réellement ? dit-il, faisant allusion à sa prétendue résurrection.

Elle se mit à rire, mais elle n'eut point le temps de compléter sa pensée par des paroles, car un homme apparut sur le seuil.

Fleur-d'Amour regarda curieusement ce personnage qu'il voyait pour la première fois ; mais il baissa presque aussitôt les yeux devant son regard ardent.

Ce personnage c'était Michaël vêtu de rouge, comme il convenait à un homme qui jouait si bien le rôle de Satan ; et il avait un masque sur le visage.

Il fit un signe impérieux au bohémien et à la vieille femme, qui sortirent aussitôt.

Fleur-d'Amour le regardait toujours et semblait se demander à qui il avait affaire.

— Tu ne me connais pas, dit l'homme au masque.

— Ma foi ! non, dit Fleur-d'Amour.

— Je suis Satan, reprit le bohémien, et c'est à moi que tu dois la vie.

Fleur-d'Amour était un soudard, en fin de compte ; il blasphémait Dieu au besoin, mais il croyait volontiers au diable.

— Alors, messire Satan, dit-il, c'est vous qui avez accordé ma grâce à la Périne.

— Précisément.

— Et vous voulez sans doute que je fasse avec vous un petit pacte pour m'acquitter de la dette que j'ai ainsi contractée.

Michaël se mit à rire et son masque tomba.

Alors Fleur-d'Amour vit un jeune et beau garçon qui n'avait rien d'infernal dans le visage, sauf deux grands yeux dominateurs dont il était impossible de supporter l'éclat.

Et cet homme lui dit :

— Écoute, Fleur-d'Amour, tu me vois pour la première fois et tu ne sais qui je suis. Sans moi, tu aurais été pendu haut et court et tu n'en serais pas revenu. On t'a bien pendu, il est vrai ; mais, grâce à moi, tu es sur tes pieds et tu peux encore distribuer de vaillants coups de rapière à tes ennemis.

— Je ne sais pas si tu es le diable ou un homme, dit Fleur-d'Amour, mais je te remercie.

— Attends, dit encore Michaël, je n'en ai point fini avec toi. Tu as épousé Géromée la nuit dernière ?

— Oui, répondit le capitaine.

— Et tu comptes fuir avec elle ?

— Je n'ais pas d'autre parti à prendre, car tôt ou tard je retomberai aux mains des archers, et alors on me pendra de nouveau, et peut-être ne pourrais-tu rien pour moi.

— Assurément non, si cela arrivait.

— Tu vois bien.

— Mais cela n'arrivera pas, et dans vingt-quatre heures tu n'auras pas de meilleur ami que François Cornebut.

Fleur-d'Amour regarda cet homme qui lui tenait un si étrange langage et parut se demander si, par hasard, il ne se moquait pas de lui.

— Le page Chilpéric t'avait promis des lettres d'abolition ? continua Michaël.

— Ah ! le misérable ! dit Fleur-d'Amour, si jamais je le tiens au bout de ma rapière.

— Ces lettres je les aurai, moi, dit Michaël, et je les aurai ce soir même.

— Dis-tu vrai ?

— Non-seulement Cornebut me les a promises, mais il fera de toi son meilleur ami, si tu le veux.

— Oh ! par exemple !

— Cornebut a besoin de toi, et il te rend ta compagnie d'archers.

— Est-ce possible ! exclama Fleur-d'Amour.

— C'est la vérité, tu vas rester ici, dans cette maison, jusqu'à ce que je revienne.

— Bon ! dit Fleur-d'Amour.

— Mais, auparavant, réponds à ma question.
— Parle.

Et le capitaine regarda Michaël avec curiosité.

— Es-tu dévoué au roi ?
— Certainement, bien qu'il ait laissé les juges me condamner.
— Le roi n'a même pas su que tu devais être pendu.
— Au fait, dit Fleur-d'Amour, c'est possible.
— Et tu n'aimes pas les Espagnols ?
— J'étais enfant à Pavie et je ne leur ai jamais pardonné notre défaite.
— Aimes-tu la reine de Navarre ?
— Madame Marguerite, exclama Fleur-d'Amour, qui donc ne l'aimerait pas. J'ai tenu garnison à Pau pendant trois ans, et mes compagnons et moi nous eussions versé pour elle notre dernière goutte de sang.
— C'est bien ! dit Michaël.
— Mais pourquoi me demandes-tu cela ?
— Tu le sauras plus tard. Au revoir. Reste ici et attends-moi.
— Où vas-tu donc ? répéta Fleur-d'Amour qui se sentait attiré vers Michaël par une mystérieuse sympathie.
— Je vais au Châtelet.
— Chercher mes lettres d'abolition ?
— Oui, et je reviens sur-le-champ.
— Mais, dit Fleur-d'Amour, ne pourrais-tu en chemin me rendre un service ?
— Lequel ?

— Passer aux piliers des halles, voir le drapier mon beau-père, lui dire qu'il peut rassurer sa fille et que je suis en sûreté?

— C'est déjà fait, dit Michaël, Géromée est prévenue que tu es à l'abri de tout danger.

Fleur-d'Amour se souvint alors que le bohémien qui l'avait amené dans la rue de la Vannerie lui avait dit la même chose.

Avant de s'en aller, Michaël posa un morceau de viande, du pain et un broc de vin sur la table :

— Peut-être as-tu faim et soif, lui dit-il.

— Oh ! non, répliqua le capitaine. J'ai plutôt envie de dormir.

Alors Michaë écarta les rideaux du lit de Pepa, et derrière ce lit il lui montra une sorte de couche plus basse, qui était celle de sa mère.

— Mets-toi là, si tu veux dormir, lui dit-il.

Puis le roi des bohémiens s'en alla.

Fleur-d'Amour, en effet, mourait de sommeil; il y avait trois nuits qu'il n'avait fermé l'œil et ses forces physiques étaient épuisées.

Il se coucha donc sur le petit lit placé dans le fond de l'alcôve, derrière celui de Pepa l'Espagnole, et Michaël n'était pas encore au bout de la rue que le capitaine ronflait si bien qu'il n'entendit point la porte s'ouvrir.

Une femme entrait.

Ce n'était pas la vieille bohémienne, c'était Pepa la danseuse. Pepa qui avait lu dans la main du bourreau qu'elle périrait sur la roue en compagnie du page Chilpéric.

Pepa avait rencontré sans doute son frère Michaël, car elle ne fut point étonnée d'entendre les ronflements sonores du capitaine Fleur-d'Amour.

Elle s'approcha, regarda le beau capitaine endormi et un sourire mélancolique effleura ses lèvres.

Puis elle entr'ouvrit son corsage et en tira une pièce d'or qui était suspendue à son cou comme une amulette par un fil de soie, et elle se prit à la contempler.

La sorcière avait disparu. Pepa était redevenue rêveuse et triste, à la vue de la pièce d'or.

Pourquoi ?

XXV

Molina, la ribaude, la sœur de Jérémiah, avait dit la pure vérité en affirmant que le bohémien sauvé par Pepa la danseuse n'était pas son père.

Nous l'avons dit, égaux hors de leur quartier, les bohémiens, une fois chez eux, se reconnaissaient des chefs, des seigneurs, et constituaient un peuple et une aristocratie.

Or, le bohémien qu'on allait pendre, quand Pepa était intervenue, appartenait tout à fait à la dernière caste des bohêmes ; il était du peuple, et du menu peuple, ce qui faisait que nul ne s'était occupé de lui, après son arrestation.

Nul, excepté une pauvre créature qui, depuis deux jours, allait et venait par la ville, interrogeant les archers, rôdant à la porte du Châtelet, et demandant à tous les échos, ce qu'on allait faire de son père ; — car c'était une femme aussi, et cette femme était la fille du bohémien.

Le hasard qui avait fait Michaël et sa sœur beaux comme des archanges avait disgracié la fille du prisonnier.

Elle était bossue, cul-de jatte, et se traînait sur le sol au lieu de marcher.

Et cependant elle avait une jolie tête sur ce corps difforme, une tête d'ange déchu dont le corps n'aurait été damné que jusqu'aux épaules et dont la tête serait demeurée céleste.

On nommait cette malheureuse Betsabée.

Comme ses pareilles, elle disait la bonne aventure et, plus souvent que ses pareilles, elle réussissait dans ses prophéties et les voyait se réaliser.

Mais les sorciers étaient un peu comme sont les somnambules : s'ils voyaient clair dans les affaires des autres, ils voyaient trouble dans les leurs.

Quand on était venu dire à Betsabée que des soldats avaient appréhendé son père et l'avaient conduit au Châtelet, la pauvre fille avait perdu la tête.

Elle s'était adressée à tout le monde, elle avait supplié les soldats qui s'étaient moqués d'elle et l'avaient repoussée. Elle avait même adressé une supplique à Michaël, le roi des bohémiens.

Mais Michaël lui avait répondu :

— Ton père a commis un vol, tant pis pour lui. Si on l'avait appréhendé injustement, je demanderais sa grâce. Mais le vol doit être puni.

Cependant il n'était pas encore question de pendre le père de Betsabée, le matin même de ce jour où le prévôt Cornebut, sortant de chez la Périne, trouva Pepa la danseuse faisant ses exercices sur la place aux Veaux.

Mais, dès l'aube, Betsabée était à la porte du Châtelet, espérant toujours que son père serait remis en liberté.

Deux archers sortirent.

— Allons ! dit l'un d'eux, encore cette bohémienne.

— T'en iras-tu, cul-de-jatte? fit l'autre.

Un bourgeois qui passait par là leur dit en riant :

— Vous avez tort de vouloir chasser cette femme.

— Pourquoi cela, maraud?

— Parce qu'elle est bossue ; touchez sa bosse, elle vous portera bonheur.

Mais un autre archer qui était à une fenêtre du Châtelet cria à ses compagnons :

— Gardez-vous-en bien, camarades, rien ne porte malheur comme de toucher la bosse d'une femme.

Alors les archers devinrent menaçants et l'un d'eux dit à Betsabée :

— Si tu ne t'en vas d'ici, sorcière de malheur, je te casserai ma rapière sur le dos.

L'autre ajouta :

— Allons! file, et le plus vite que tu pourras.

— Mes bons seigneurs, suppliait la pauvre cul-de-jatte, dites-moi au moins ce qu'on a fait de mon père ?

— Nous n'en savons rien ; va-t'en !

Et l'un des archers s'était emparé du fourreau de cuir de sa rapière, et il allait en frapper la bohémienne pour la forcer à s'éloigner, quand un gentilhomme vint à passer.

— Holà! soudards! dit-il, je crois, Dieu me pardonne! que vous maltraitez une femme.

La bohémienne tendit vers le gentilhomme ses mains suppliantes; les archers demeurèrent confus.

Car il n'y avait pas à s'y tromper; c'était un gentilhomme, et un gentilhomme du roi, à en juger par le nœud de rubans bleu de ciel qu'il portait sur l'épaule et sur son manteau brodé d'or.

Un gentilhomme et un brave jeune homme qui dit à Betsabée d'une voix grave et douce :

— Que te veulent donc ces gens-là, et que t'ont-ils fait ?

— Monseigneur, répondit Betsabée, je me tiens à la porte du Châtelet, parce qu'on y a enfermé mon père et que messire Cornebut est si méchant que j'ai peur qu'il ne le fasse pendre.

— Et qu'a-t-il fait, ton père?

— Il a volé un pain, parce qu'il avait bien faim.

— On ne pend pas un homme pour avoir volé un pain. D'ailleurs, attends-moi, je vais demander sa grâce et le faire mettre en liberté.

— Holà! soudards, dit le gentilhomme, allez donc dire à messire Cornebut que messire Amaury, vicomte de Lévis, marquis de Mirepoix et gentilhomme de Sa Majesté, lui demande audience.

Les archers obéirent, mais, deux minutes après, l'un d'eux revint et lui dit :

— Monseigneur, le prévôt n'est pas au Châtelet.

— Où est-il?

— Chez Périne, la belle ribaude, sa maîtresse. Il y a passé la nuit, et il ne reviendra certainement pas avant la neuvième heure du jour.

— Diable! fit Amaury, car c'était bien le favori de la reine de Navarre qui, après avoir reconduit au Louvre sa noble maîtresse, allait visiter un gentilhomme de ses amis de l'autre côté de l'eau.

— Écoute, ma pauvre enfant, dit-il à la bohémienne, je suis au service du roi et je ne pourrai revenir ici avant ce soir, car la reine de Navarre m'a commandé d'aller porter un message à Rambouillet; mais ne crains rien, c'est aujourd'hui dimanche, et le jour qui appartient à Dieu est respecté par les hommes; on ne pendra pas ton père aujourd'hui. Ce soir je reviendrai; je verrai François Cornebut et j'aurai sa grâce.

En même temps, Amaury tira sa bourse, y prit deux

écus d'or et les laissa tomber dans la main de Betsabée.

— Dieu vous bénisse, monseigneur ! dit la pauvre fille.

Alors Amaury eut une idée folle.

— Tu es bohémienne? dit-il.

— Oui, monseigneur.

— Tu dis la bonne aventure?

— Oui, monseigneur.

— Voilà ma main. Dis-moi ma destinée.

Et il tendit sa main à Betsabée :

— Monseigneur, dit-elle, vous avez la plus belle main que j'aie jamais vue.

— En vérité ! dit Amaury souriant.

— Vous êtes riche, vous êtes aimé, vous vivrez vieux et vous mourrez comblé d'honneurs.

— Pauvre fille, pensait Amaury, elle ne peut pas me prédire autre chose à moi, qui lui ai promis la grâce de son père.

Puis, tout haut :

— Alors, je suis né sous une bonne étoile ?

— D'abord, monseigneur, et puis vous avez sur vous un talisman.

— Ah bah ! dit Amaury qui tressaillit et la regarda avec étonnement.

— Vous avez suspendues à votre cou cinq pièces d'or d'une origine très-ancienne.

— Cela est vrai, répondit Amaury ; c'est ma nourrice qui me les mit au cou quand j'étais enfant, et tu crois que ces cinq pièces d'or me porteront bonheur?

— Une seule suffirait pour assurer votre chance.

— Ma foi ! ma petite, dit Amaury, je ne suis pas très-superstitieux de ma nature, et je ne crois pas beaucoup aux amulettes et aux talismans ; mais enfin je veux faire l'essai de la vertu de celui dont tu parles.

Alors il ouvrit son pourpoint, prit le cordon auquel pendaient les cinq pièces d'or, en détacha une du groupe et la tendit à Betsabée en lui disant :

— Cela ne m'empêchera pas de demander la grâce de ton père au roi, prends toujours...

Il laissa la pièce d'or aux mains de la bohémienne radieuse et s'en alla.

Maintenant, que s'était-il passé ?

Les archers, intimidés par Amaury, n'avaient plus inquiété la bohémienne et l'avaient laissée à la porte du Châtelet.

Mais, une heure après que Cornebut fut rentré, le bruit se répandit qu'on allait pendre le bohémien.

Et Betsabée tout en larmes se traînait du Châtelet à la place de Grève, lorsqu'elle rencontra Pepa.

— Qu'as-tu ? lui demanda la danseuse, et pourquoi pleures-tu ?

Alors Betsabée lui raconta son malheur et dit :

— Le gentilhomme reviendra trop tard !

Mais Pepa se souvint de la promesse que lui avait faite Cornebut et elle répondit :

— Nous n'avons nul besoin du gentilhomme, ton père ne sera pas pendu.

— Qui donc le sauvera?

— Moi.

Et, on le sait, Pepa avait sauvé le bohémien, et Betsabée était demeurée si convaincue qu'elle devait la vie de son père au talisman que lui avait donné Amaury, que lorsque la foule se fut dissipée, elle rejoignit Pepa et lui dit :

— Tu as obtenu la vie de mon père, je te veux faire un cadeau de roi.

— Qu'est-ce donc? avait demandé Pepa avec son sourire triste.

— Alors Betsabée lui avait raconté l'histoire des talismans d'Amaury.

— Si tu savais comme il est beau ! disait-elle.

Mais Pepa, secouant la tête :

— Tous les talismans du monde ne me sauveront pas de l'horrible destinée qui m'attend.

Et, à son tour, elle raconta à Betsabée ce qu'elle avait lu dans la main de Caboche le bourreau.

Betsabée répondit :

— La destinée se modifie quelquefois ; il suffit d'un événement de mince importance pour bouleverser l'avenir. Veux-tu me donner ta propre main? Tu sais, que, moi aussi, je lis couramment dans le livre du Destin.

— La voilà, dit Pepa.

La bohémienne se mit à étudier les signes de la main fine et nerveuse de Pepa.

D'abord elle fronça le sourcil et dit :

— Oh! oui, une mort épouvantable te menace!

— Tu vois bien! dit la danseuse.

— Mais voici une autre ligne qui dément les sinistres prédictions de la première.

— Et que dit-elle, cette ligne?

— Je vois trois hommes dans ta destinée.

— Ah!

— Le premier veut te tuer.

Pepa tressaillit.

— Le second t'aime avec fureur.

— C'est Caboche, pensa la bohémienne; et le troisième? dit-elle tout haut.

— Celui-là tu l'aimeras.

— Quel est-il?

— Je ne sais pas; seulement... Ah! voilà qui est bizarre.

— Quoi donc?

— L'influence de cet homme que tu aimeras et que tu ne connais pas encore, te sauvera d'un grand péril, aujourd'hui même.

— Vraiment?

— Et si j'en crois mes pressentiments, poursuivit Betsabée, cet homme que tu aimeras, c'est le beau gentilhomme qui m'a donné le talisman.

— Comment l'aimerais-je, puisque je ne l'ai jamais vu?

— Je ne sais, dit Betsabée; mais prends toujours le talisman. Je n'en ai plus besoin, moi, puisque mon père est sauvé.

Et la pauvre fille suspendit elle-même, par un fil de soie, la pièce d'or au cou de Pepa.

. . . .

C'était donc ce talisman bizarre que Pepa contemplait, le soir de ce jour, en rentrant dans cette chambre où le capitaine Fleur-d'Amour dormait profondément.

Pepa était songeuse. Qui pouvait dire, en effet, que Betsabée n'eût pas raison, et que sa destinée, menaçante la veille, ne se fût modifiée tout à coup ?

Toute princesse d'Égypte qu'elle était, Pepa faisait un rude métier.

Elle dansait sur la corde tout le long du jour, et le soir, quand elle rentrait en son logis, elle était brisée de fatigue. Ordinairement elle mangeait, se déshabillait et se mettait au lit.

Mais ce soir-là, Pepa n'avait pas faim.

Ensuite, comme un homme était couché dans sa chambre, elle garda, la chaste fille, son vêtement, referma son corsage sur le talisman donné par Amaury et que lui avait transmis Betsabée, puis se jeta sur son lit et ne tarda pas à s'endormir de ce sommeil profond et calme qui est le résultat de la lassitude du corps et de la sérénité de l'âme.

Et tandis qu'elle dormait, elle rêva; et, dans son rêve, elle vit un homme à son chevet.

Cet homme n'était ni Fleur-d'Amour, ni Chilpéric, ni aucun de ceux qu'elle connaissait.

C'était un beau seigneur vêtu de velours et de soie,

et dont le sourire était doux comme un rayon de soleil levant.

Et cet homme lui disait :

— Je suis ici pour te défendre.

Puis, en même temps, il lui sembla qu'elle voyait au travers des murs qu'un moine s'avançait vers sa maison, montait l'escalier et pénétrait dans sa chambre.

Alors le moine rejetait son froc en arrière et brandissait un poignard.

Mais le beau seigneur vêtu de soie lui disait :

— Ne crains rien !

Et le moine leva le bras et frappa.

Pepa jeta un cri terrible et se dressa échevelée sur son lit.

Le beau seigneur qu'elle avait vu en rêve n'était plus là ; mais la dague de Chilpéric avait rencontré la pièce d'or suspendue à son cou, et s'était brisée en deux morceaux.

Le talisman avait prouvé sa vertu.

Et au cri de Pepa Fleur-d'Amour s'éveillant avait bondi vers Chilpéric stupéfait et, le reconnaissant sous son froc, il s'était écrié :

— A nous deux, vipère !

Et Chilpéric n'avait eu que le temps de tirer sa rapière et de se mettre sur la défensive, tandis que Pepa, courant à la fenêtre qu'elle ouvrit violemment, appelait au secours.

Et ce fut alors une scène de confusion étrange.

Molina avait eu le temps de prendre la fuite.

Mais les bohémiens, qui sortaient de leur assemblée nocturne, entendirent les cris de Pepa et ils accoururent. En un clin d'œil la chambre fut envahie et vingt poignards se levèrent sur Chilpéric qui, blessé par Fleur-d'Amour et sa rapière brisée, était tombé sur les genoux.

Et Pepa reconnaissant le faux moine, disait :

— Ah! je comprends pourquoi tu voulais me tuer, tu essayais de conjurer ta destinée...

Et cependant, elle fit un signe et les poignards levés et brandis sur le page ne retombèrent point.

— Attendez que votre roi revienne! disait la danseuse; lui seul décidera ce qu'il faut faire de cet homme.

— Je voudrais pourtant bien faire à ma rapière un fourreau de son corps, disait Fleur-d'Amour.

— Non pas, répondit Pepa, n'arrachez pas cet homme à la destinée qui l'attend.

Et elle se plaça devant Chilpéric désarmé, ensanglanté et tremblant, et lui fit un rempart de son corps!...

XXVI

Sans l'intervention de Pepa, très-certainement Chilpéric eût été poignardé sur place.

Plusieurs bohémiens le reconnurent.

— C'est le page de Cornebut, disait l'un.

— L'homme qui voulait faire pendre Fleur-d'Amour.

— Le misérable qui a tenté d'assassiner la sœur de notre roi ! ajoutaient les autres.

Et les bohémiens brandissaient toujours leurs poignards.

Mais Pepa s'était placée devant le page et répétait :

— Je vous défends de toucher à cet homme, avant que Michaël ne soit venu et n'ait décidé de son sort.

Et les bohémiens finirent par reculer, et Fleur-d'Amour lui-même remit son épée au fourreau.

Chilpéric s'était relevé.

Il était pâle et sanglant, mais ses yeux brillaient d'une flamme sombre.

— Laisse-les donc me tuer, dit-il à Pepa, comme cela nous conjurerons la destinée, et nous ne serons rompus ni l'un ni l'autre.

Pepa l'enveloppa d'un regard de mépris.

— Que t'importe, dit-elle, de mourir ainsi ou autrement ! crois-tu donc que si on te met à mort cette nuit, tu ne souffriras pas tout autant que si Caboche te plaçait sur sa roue ?

Et comme elle disait cela, un homme apparut au seuil de la chambre.

C'était Michaël.

Michaël, en voyant ce tumulte, en apercevant Chilpéric affublé d'une robe de moine et couvert de sang, les bohémiens le poignard à la main, et Pepa protégeant le page, devina tout.

— Ah! ah! dit-il, tu as donc bien peur d'être rompu vif, seigneur Chilpéric.

Chilpéric baissa la tête.

— Je suis en votre pouvoir, dit-il, faites de moi ce que vous voudrez.

Michaël se fit alors raconter ce qui s'était passé.

Puis il ordonna aux bohémiens de former un cercle autour du prisonnier.

Et quand ce fut fait, il dit au page :

— Tu as porté la main sur ma sœur, tu mérites un châtiment.

« En plein jour, quand nous sommes dans les rues de Paris, nous sommes de pauvres gens de Bohême, et les gentilshommes nous considèrent comme du gibier de potence ; mais la nuit, dans notre quartier, nous sommes chez nous, et nous prenons notre revanche.

« Pourquoi as-tu voulu assassiner ma sœur?

— Parce qu'elle m'a prédit que je serai rompu vif.

— En vérité! et tu crois à sa prophétie?

— Je voulais conjurer la destinée, dit Chilpéric.

— Eh bien! sois satisfait.

Alors, d'une voix lente et grave, Michaël prononça ce jugement :

— Chilpéric, je te condamne à mort, moi, le roi des bohémiens. Tu sera mis à nu d'abord, puis on te coupera les oreilles et la langue, ensuite on te crèvera les yeux, enfin on te brûlera vif dans la rue.

Chilpéric eut peur.

— Grâce! dit-il.

— Tu as tort de demander ta grâce, reprit Michaël d'une voix railleuse. Le supplice de la roue est plus terrible encore que celui que tu vas subir. Cependant, ajouta le roi des bohémiens, je vais prendre l'avis de Pepa.

Et il regarda sa sœur.

— Maître, dit la danseuse, hier encore, je vous eusse laissé libre d'infliger le supplice dont vous venez de parler à cet homme.

— Et... aujourd'hui?

— Aujourd'hui je vous supplie de lui faire grâce et de ne point usurper les droits du bourreau.

— Mais, malheureuse, dit Michaël, tu as lu dans la destinée qu'il serait rompu vif?

— Oui.

— Et toi aussi?

— J'ai un talisman qui me sauvera, moi.

Chilpéric eut un accès de rage.

— Alors, dit-il, je serai roué tout seul?

— Tout seul, dit Pepa avec conviction.

— S'il en est ainsi, reprit Michaël, tu peux t'en aller, Chilpéric, on ne te fera pas de mal.

Et d'un geste impérieux, Michaël fit rentrer les poignards au fourreau.

Mais Fleur-d'Amour intervint.

— Ah! pardon, dit-il, vous pouvez faire grâce, vous autres, mais pas moi.

Et s'adressant au page :

— Tu m'as trahi, tu as voulu me faire pendre, tu as osé lever les yeux sur ma fiancée, qui est aujourd'hui ma femme : il me faut tout ton sang.

— Eh bien ! tue-moi, dit Chilpéric, que la sinistre prophétie épouvantait toujours.

— Je ne frappe pas un homme désarmé, dit Fleur-d'Amour. Qu'on te donne une épée, descendons ensuite dans la rue, et...

Michaël interrompit le beau capitaine.

— Messeigneurs, dit-il, s'il vous prend fantaisie de vous occire réciproquement, ce n'est pas moi qui m'y opposerai. Mais vous ne vous battrez pas ici. Descendez au bord de l'eau, il fait clair de lune, et vous y verrez comme en plein jour.

— Soit, dit Fleur-d'Amour.

— Qu'on me rende une épée, puisque la mienne est brisée, ajouta Chilpéric.

— Les bohémiens n'ont que des poignards, dit Michaël; mais Paris est plein de fourbisseurs et d'armuriers et tu trouveras aisément une rapière. Allons, hors d'ici, page de malheur !

Et Michaël montra la porte au faux moine.

Les bohémiens murmuraient. Mais Michaël avait sur eux une autorité absolue.

Aucun d'eux n'osa s'opposer au départ de Chilpéric, et Chilpéric sortit de cette maison où Molina, la ribaude vindicative, l'avait amené.

Fleur-d'Amour s'apprêtait à le suivre.

Michaël lui mit la main sur l'épaule, puis il lui dit à l'oreille en lui glissant un parchemin dans la main :

— Voilà tes lettres d'abolition.

— Ah ! ah ! dit Fleur-d'Amour. Ma paix est donc faite avec Cornebut ?

— Non-seulement elle est faite, mais tu redeviens capitaine des archers. Les lettres d'abolition en font mention.

Fleur-d'Amour suivit Chilpéric.

Chilpéric éprouvait en sortant de la maison de Michaël et de Pepa, cette sensation étrange et délicieuse d'un homme qui sort d'un lieu infect et privé d'air.

En se retrouvant au grand air, il aspira à pleins poumons et s'enivra de lumière. Ce qu'il avait d'obscur dans l'esprit s'éclaircissait peu à peu, et il vint un moment où il se dit :

— Je viens de l'échapper belle, et ce n'est vraiment pas ma faute, car, tout à l'heure, je demandais la mort comme un imbécile et un niais que je suis.

Les bohémiens l'escortaient, muets, sombres, farouches comme des chasseurs condamnés à laisser échapper leur proie.

Enfin il se trouva hors de la rue de la Vannerie, dont les chaînes s'étaient abaissées devant lui.

Alors il se retourna.

Fleur-d'Amour marchait derrière lui.

Chilpéric sentit toute son insolence lui revenir.

— Hé! beau capitaine, dit-il, c'est donc à nous deux!

— C'est à nous deux, répondit Fleur-d'Amour avec calme.

— Où nous battrons-nous?

— Où tu voudras.

— Il faut au moins que j'aie une épée.

— Tu en trouveras une.

— C'est que le couvre-feu est sonné.

— Eh bien?

— Et les armuriers sont fermés depuis longtemps.

— Si ce n'est que cela qui t'inquiète, dit Fleur-d'Amour, sois tranquille.

— Tu sais où trouver une épée?

— Parbleu!

Chilpéric prit un air niais.

— Où cela? dit-il.

— Rue de la Mortellerie.

— Ah! vraiment?

— N'y a-t-il pas là un poste d'archers qui se tiennent toute la nuit à la disposition du chevalier du guet?

— C'est juste.

— Tu penses bien qu'il n'est pas un archer, poursuivit Fleur-d'Amour, qui se refusera à te prêter son épée.

— Assurément non.

Chilpéric doubla le pas, et tout en marchant, il se dit:

— On n'est pas plus niais que ce Fleur-d'Amour, il va se jeter lui-même dans la gueule du loup. En attendant que je sois rompu vif, si je le suis, je vais toujours faire mettre mon homme dans un des cachots du Châtelet, et j'aurai le temps de savoir ce que Géromée devient !

Ils arrivèrent rue de la Mortellerie.

Une clarté rougeâtre se projetant dans la rue déserte, annonçait le poste des archers.

Tandis que toutes les maisons étaient plongées dans les ténèbres et le silence, les archers ne se privaient ni de lumière ni de bruit.

Réunis autour d'un grand feu, sous le commandement d'un bas officier, ils jouaient aux dés, riaient et chantaient.

Arrivés à la porte, Chilpéric dit à Fleur-d'Amour :

— Attends-moi là. Le temps d'emprunter une épée et je suis à toi.

En même temps, il se dépouilla de son froc et le jeta dans le ruisseau.

Puis, il entra dans le corps de garde.

Chilpéric, le page favori du prévôt, était non-seulement connu comme le loup blanc ; mais encore il était craint comme la peste.

A sa vue, les rires cessèrent ; ceux qui chantaient se turent, ceux qui jouaient jetèrent leurs dés et leurs cornets.

Chilpéric entra en grand mystère.

Puis, il cligna de l'œil et fit signe à celui qui commandait les archers de s'approcher.

Le bas officier obéit aussitôt.

— Écoute, dit Chilpéric, qui le reconnut aussitôt, tu étais avec moi ce matin ?

— Oui, messire.

— Nous avons tenté d'arrêter ce brigand de Fleur-d'Amour que la potence attend.

— Oui, messire, et nous avons été repoussés.

— Eh bien ! je viens t'offrir une revanche.

— Comment cela ?

— Je suis parvenu tout seul en un lieu où se trouvait Fleur-d'Amour.

— Alors, vous savez où il est ?

— Attends, je lui ai cherché querelle, et il a été convenu que nous viderions notre différend et nos rancunes l'épée à la main.

— Bon ! dit le bas officier.

— Seulement, je m'étais battu avec des truands, en courant les ribaudes, et j'avais brisé mon épée sur le dos de l'un d'eux.

— Tiens, c'est vrai, votre fourreau est vide.

— Cet imbécile de Fleur-d'Amour m'a suivi jusqu'ici ; il est à la porte.

— C'est impossible! dit l'archer incrédule.

— Je lui ai dit que je venais chercher une épée. Donc, fais sortir les hommes, appréhende-le, et conduis-le sans retard au Châtelet.

— Vous allez être obéi, messire, dit le bas officier,

enchanté de prendre une revanche de la mésaventure du matin.

Et il cria aux archers :

— A vos armes, vous autres, et suivez-moi !

Le poste sortit en tumulte et Fleur-d'Amour se trouva entouré par dix hommes qui avaient l'épée à la main. Mais celle du capitaine ne sortit point du fourreau.

— A qui donc en avez-vous, vous autres ? fit-il avec calme.

— A toi, dit le bas officier.

— Tiens, c'est toi, Guillaume ?

— C'est moi, dit l'archer.

— Tu faisais partie de ma compagnie ?

— C'est vrai, dit l'archer un peu confus. Mais maintenant...

— Maintenant, dit Fleur-d'Amour en riant, je ne suis plus qu'un gibier de potence, n'est-ce pas ?

— Hélas ! mon capitaine.

— Alors tu me veux arrêter ?

Le bas officier baissa la tête.

— Et me conduire au Châtelet ?

— C'est messire Chilpéric qui l'ordonne ainsi, dit le bas officier en baissant la tête.

— Chilpéric n'est qu'un bélître, dit Fleur-d'Amour.

— Allons ? allons ! dit Chilpéric avec colère, emparez-vous de cet homme.

Fleur-d'Amour se mit à rire.

Puis, regardant les archers :

— Qui donc sait lire parmi vous ? dit-il.

— Moi, dit le bas officier.

— Alors, lis-moi ça.

Et Fleur d'Amour tira de sa poche le parchemin que lui avait glissé Michaël au moment où il quittait sa maison.

Le chef des archers étonné, prit le parchemin, le déplia et lut :

« Nous, François Cornebut noble, homme, prévôt des « archers et gouverneur pour le roi du Châtelet et de sa « bonne ville de Paris, faisons savoir à tous qu'il appar- « tiendra que le sire Fleur-d'Amour est, par ces pré- « sentes, relevé de la condamnation à mort prononcée « contre lui, et rétabli dans sa charge de capitaine d'une « compagnie d'archers.

« Fait au Châtelet, ce dimanche, quatrième jour de « décembre mil cinq cent trente-neuf, à sept heures de « relevée, et scellé de notre scel.

« François Cornebut. »

Chilpéric jeta un cri.

— Eh ! page d'enfer, lui dit Fleur-d'Amour, crois-tu pas que si je n'avais eu ce parchemin en mon escarcelle je t'aurais suivi jusqu'ici ?

Et, riant toujours, Fleur-d'Amour ajouta :

— Rentrez donc en votre poste, mes bons amis, et tenez-vous au chaud, car la nuit est froide.

— Mille excuses, capitaine... balbutia le bas officier

en lui rendant le parchemin qu'il baisa avec respect.

— Et comme pour jouer aux dés et boire il n'est nul besoin de sa rapière, continua Fleur-d'Amour, que l'un de vous prête la sienne à messire Chilpéric, avec qui je vais causer deux minutes, là-bas, au bord de l'eau.

Chilpéric n'eut que l'embarras du choix.

Dix épées lui furent offertes.

Il en prit une, la première venue, et regardant Fleur-d'Amour avec colère :

— A nous deux donc ! dit-il.

— A nous deux ! répéta Fleur-d'Amour.

Et ils se mirent en route.

Ils traversèrent la Grève et passèrent devant le pilier sur lequel le bourreau dressait, selon la sentence, la potence ou l'échafaud.

— Hé ! dit Fleur-d'Amour, je commence à croire que tu viendras là avant moi.

— Peut-être, dit Chilpéric ivre de rage, mais dont le cœur battait à outrance.

Ils arrivèrent au bas de la Grève, au bord de l'eau.

La lune resplendissait.

— Un beau soir pour ferrailler, dit Fleur-d'Amour.

— Et pour mourir, dit Chilpéric.

— Tu veux donc me tuer ?

— Je m'y efforcerai, ricana Chilpéric, car il me faut ta femme.

— Géromée !

— Oui, je l'aime, et j'ai juré qu'elle m'appartiendrait.

— J'ai peur que tu n'aies fait un faux serment, camarade.

Et Fleur-d'Amour se rua, l'épée haute, sur le page.

Chilpéric, avait, sans le vouloir et sans y songer, pris, la nuit précédente, des leçons d'Amaury de Mirepoix.

Il se défendit bien, il attaqua avec mesure, il blessa même deux fois le capitaine Fleur-d'Amour.

Mais Fleur-d'Amour était une vaillante et fine lame.

A un certain moment, Chilpéric fit un faux pas et se découvrit.

L'épée de Fleur-d'Amour fila et disparut dans la poitrine du page.

Celui-ci tomba baigné dans son sang.

— Ah! murmura-t-il en rendant un flot de sang, si j'en reviens, je me vengerai ! Et ce ne sera pas de Fleur-d'Amour, mais bien de François Cornebut, mon noble maître.

Fleur-d'Amour essuya son épée sur l'herbe, et s'en alla tranquillement.

FIN DU VOLUME PREMIER.

CLICHY. — Imp. M. LOIGNON, P. DUPONT, et Cie, rue du Bac-d'Asnières 12

EN VENTE A LA LIBRAIRIE DE E. DENTU.

OUVRAGES DU MÊME AUTEUR :

Format grand-in-18 jésus. — Collection à 3 fr. le volume.

LES NUITS DU QUARTIER BRÉDA.
1 volume inédit.

LA JEUNESSE DU ROI HENRI.
I. La belle Argentière. 1 vol.
II. La Maîtresse du Roi de Navarre. 1 vol.
III. Les Galanteries de Nancy-la-Belle. 1 v.
IV. Les Aventures du Valet-de-Cœur. 1 v.
V. Les Amours du Valet-de-Trèfle. 1 vol.
VI. La Saint-Barthélemy. 1 vol.
VII. La Reine des Barricades. 1 vol.
VIII. Le Régicide Jacques Clément. 1 vol.

LES GANDINS.
MYSTÈRES DU DEMI-MONDE.
I. Les Hommes de cheval. 1 vol.
II. L'Agence matrimoniale. 1 vol.

LES NUITS DE LA MAISON-DORÉE.
1 volume.

LA CHAMBRION.
1 volume.

L'HÉRITAGE DU COMÉDIEN.
1 volume.

LE PARIS MYSTÉRIEUX.
I. Les Spadassins de l'Opéra. 1 vol.
II. Les Compagnons de l'amour. 1 vol.
III. La Dame aux gants noirs. 1 vol.
IV. Le Roman de Fulmen. 1 vol.

UN CRIME DE JEUNESSE.
1 volume.

MÉMOIRES D'UN GENDARME.
1 volume.

LE SECRET DU DOCTEUR ROUSSELLE.
I. Maubert le Boiteux. 1 vol.
II. La Chevrette. 1 vol.

L'AUBERGE DE LA RUE DES ENFANTS-ROUGES.
I. Le Journal du Lieutenant de Police. 1 v.
II. La Fugitive du Parc-aux-Cerfs. 1 vol.

LE FORGERON DE LA COUR-DIEU.
I. La Pupille des Moines. 1 vol.
II. L'Empoisonneuse. 1 vol.

LES DRAMES DE PARIS.
I. L'Héritage mystérieux. 1 vol.
II. Le Club des Valets-de-Cœur. 1 vol.
III. Turquoise la pécheresse. 1 vol.

LES EXPLOITS DE ROCAMBOLE.
I. Une fille d'Espagne. 1 vol.
II. La Mort du Sauvage. 1 vol.
III. La Revanche de Baccarat. 1 vol.

LA RÉSURRECTION DE ROCAMBOLE.
I. Le Bagne de Toulon. 1 vol.
II. Saint-Lazare. 1 vol.
III. L'Auberge maudite. 1 vol.
IV. La Maison de fous. 1 vol.
V. Le Souterrain. 1 vol.

LE DERNIER MOT DE ROCAMBOLE.
I. Les Ravageurs. 1 vol.
II. Les Étrangleurs. 1 vol.
III. Les Millions de la Bohémienne. 1 vol.
IV. La Belle Jardinière. 1 vol.
V. Un Drame dans l'Inde. 1 vol.

LA VÉRITÉ SUR ROCAMBOLE.
1 volume.

LES MISÈRES DE LONDRES.
I. La Nourrisseuse d'Enfants. 1 vol.
II. L'Enfant perdu. 1 vol.
III. La Cage aux oiseaux. 1 vol.
IV. Les Tribulations de Shoking. 1 vol.

PAS-DE-CHANCE.
I. Mémoires de deux Saltimbanques. 1 v.
II. Le Mauvais Œil. 1 vol.

LES FILS DE JUDAS.
I. Un Conte des Mille et une Nuits. 1 vol.
II. L'Amour fatal. 1 vol.

MON VILLAGE.
I. Mademoiselle Mignonne. 1 vol.
II. La mère Miracle. 1 vol.
III. Le Brigadier La Jeunesse. 1 vol.

LES HÉROS DE LA VIE PRIVÉE.
I. La Fée d'Auteuil. 1 vol.
II. L'Orgue de Barbarie. 1 vol.
III. Jeanne. 1 vol.

LE GRILLON DU MOULIN.
1 volume.

www.ingramcontent.com/pod-product-compliance
Lightning Source LLC
Chambersburg PA
CBHW060652170426
43199CB00012B/1766